Technik für den Gartenteich

blvgartenplus

WALTER SCHIMANA

Technik für den Gartenteich

Pumpen, Filter, Leuchten
Installieren und Instandhalten

blv

Inhalt

Stromversorgung für Garten und Teich 7

Elektrotechnisches Basiswissen 7
Transformatoren 8 – Netzspannung 8 – Niederspannung 10
Stromleitungen im Garten 11
Kabeldurchführungen 11 – Unter Wasser verwendbare Klemmdosen 12

Pumpen bringen Bewegung 15

Pumpentypen 15
Kolbenpumpen 15 – Membranpumpen 16 – Kreiselpumpen 16
Pumpen für Filter, Bachläufe und Springbrunnen 19
Synchronpumpen 19 – Pumpen mit asynchronen Spaltrohrmotoren 20
Pumpenkennzeichnung 21
Die Fördermenge 21 – Die Förderhöhe 21 – Die Pumpenkennlinie 22
Weiteres Wissenswertes 23
Energieverbrauch 23 – Das Typenschild 23 – Filtergehäuse 23
Der richtige Standort 24
Aufstellung im Wasser 24 – Trockenaufstellung 24 – Schwimmpumpen 26
Überwinterung und Wartung 26
Reinigung und Wartung 27

Wasserspiele, Bachläufe und Wasserfälle 29

Wasserbewegung 29
Wasserleitungen 29 – Reibungsverluste 31
Springbrunnen, Fontänen & Sprudelsteine 32
Sprudelsteine 32 – Pumpenaufsätze für Wasserglocken, Fontänen & Co. 35
Bachläufe 35
Der oberflächig abfließende Bachlauf 36 – Das wasserhaltende Bachbett 37 – Bau eines wasserhaltenden Bachlaufs 38 – Bachlauf aus Fertig-Elementen 42 – Steuerung der Fließgeschwindigkeit durch die Ufergestaltung 43
Wasserfälle 45

Wasserklärung und Filtersysteme 47

Pflanzen-Kläranlagen 48
Mittel zur Wasserverbesserung 50
Zeolith 50 – Andere Mittel zur Wasserverbesserung 50
Fertige Filter 51
Wie funktionieren Fertigfilter? 51 – Wartung von Filteranlagen 52 – Filteranlagen mit vorgeschalteter Pumpe 53 – Filteranlagen mit nachgeschalteter Pumpe 55
Vorklärung mit UVC 56
Skimmer 59

Beleuchtung am und im Teich 61

Licht im Garten 61
Stromversorgung 61 – Leuchten für jeden Platz und Geschmack 62
Licht im und unter Wasser 62
Springbrunnenbeleuchtung 62 – Unterwasserleuchten 63 – Schwimmendes Licht 63
LED-Leuchten 64

Technische Hilfsmittel 67

Steuerung 67
Steuerung durch Schalter 67 – Zeitsteuerung 68 – Dimmer 69 – Funksteuerungen 70
Wasserstandsregelung 71
Überlaufgesteuerter Wasserstand 71 – Steuerung mittels Schwimmventil 73 – Durch Schwimmschalter gesteuerte Wasserstandsregelung 73 – Magnetventile 75
Solarsysteme 75
Arbeitsweise der Solarzellen und -module 76 – Montage von Solarmodulen 76 – Verwendung von Solarenergie im Garten 77
Teichfolien 80
PVC-Folien 80 - EPDM-Folien 81 – PE-Folien 82 – Weitere Verarbeitungstipps 82
Technisches Zubehör 84
Schlammsauger 84 – Kleingeräte zur Teichpflege 85 – Belüfter 86 – Eisfreihalter 87

Wartungsarbeiten im Jahreslauf 88

Bezugsquellen und Adressen 92

Stromversorgung für Garten und Teich

Gartenteiche sind ein weit verbreitetes Hobby in unseren Gärten. Vom »Biotop«, das fast ganz der Natur überlassen bleibt, bis zum technisch optimierten Zierteich mit einem hohen Besatz an Zierfischen, gibt es viele Varianten der Nutzung. Fast für jede dieser Möglichkeiten bietet uns die entsprechende Industrie eine riesige Auswahl an Pumpen, Filtern, Beleuchtung u. a. Welches Gerät wirklich nötig, welches angebracht und welches eigentlich ein mehr oder weniger wichtiger Luxus ist, muss man als Käufer selbst entscheiden. Hier will das vorliegende Büchlein eine kleine Hilfe sein.

Elektrischer Strom begleitet uns durch den Tag und durch das Leben. Ohne Elektrizität geht fast nichts in unserem Umfeld. Auch im Wassergarten, sei es am Bachlauf, im Teich mit Sprudelstein, Fontäne oder mit Beleuchtung und Lichteffekten – immer brauchen wir den elektrischen Strom.

Elektrotechnisches Basiswissen

Damit einige wichtige Begriffe aus der Elektrizität, die immer wieder vorkommen werden, richtig verstanden werden, soll dass was wir in der Schule schon darüber lernten, kurz wiederholt werden.

Grundsätzlich unterscheidet man zwei Stromarten: den Gleichstrom und den Wechselstrom mit seiner Unterart, dem Drehstrom. Der Dreh- oder auch Kraftstrom mit seinen 380 Volt wird am Gartenteich und beim Bachlauf nicht benötigt.

Zunächst zum **Gleichstrom.** Erzeugt wird er mit einem so genannten Gleichstrom-Generator. Seine Fließrichtung ist immer gleich, er fließt immer vom Plus- zum Minuspol. Dies hat den Vorteil, dass er sich in Akkumulatoren wie zum Beispiel in einer Autobatterie, die nichts anderes als ein ganz normaler Akkumulator ist, speichern lässt. Sein Nachteil ist, dass er nicht so einfach in eine höhere oder niedrigere Spannung transformiert werden kann.

Bei unseren Geräten im Haus und auch im Garten haben wir es fast immer mit 220/240 Volt **Wechselstrom** und mit einer Frequenz von 50 Hertz zu tun. Das bedeutet, dass die Fließrichtung des elektrischen Stroms, in der Sekunde 50-mal in beide Richtungen wechselt. Da fließender Strom immer ein magnetisches Feld aufbaut, wechselt also nicht nur die Fließrichtung des elektrischen Stroms sondern auch der Plus- und Minus-Pol des Feldes. Das heißt: Das magnetische Feld bricht bei jedem Wechsel zusammen und baut sich mit umgekehrter Polung wieder auf. Dieser Vorgang erlaubt es, den elektrischen Strom mittels eines Transformators in eine niedrigere oder höhere Spannung umzuformen.

◀ Dieses aufwändige Wasserspiel in einer repräsentativen Anlage hat neben der schönen Optik zusätzlich auch eine Wirkung auf das Kleinklima der Umgebung.

Gleichstrom fließt stets in gleicher Richtung, Wechselstrom wechselt dagegen 50 Mal pro Sekunde in beide Richtungen.

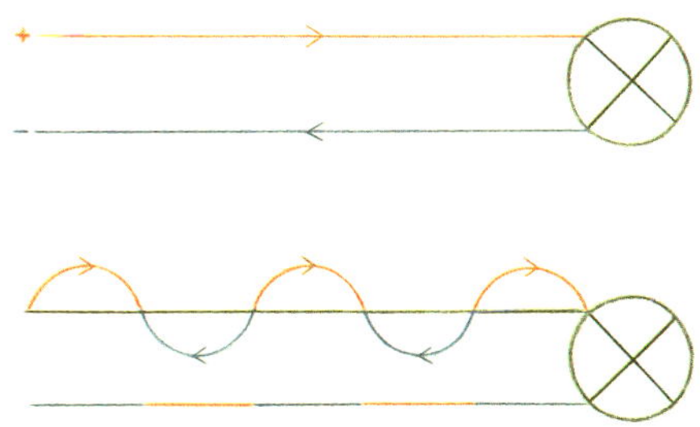

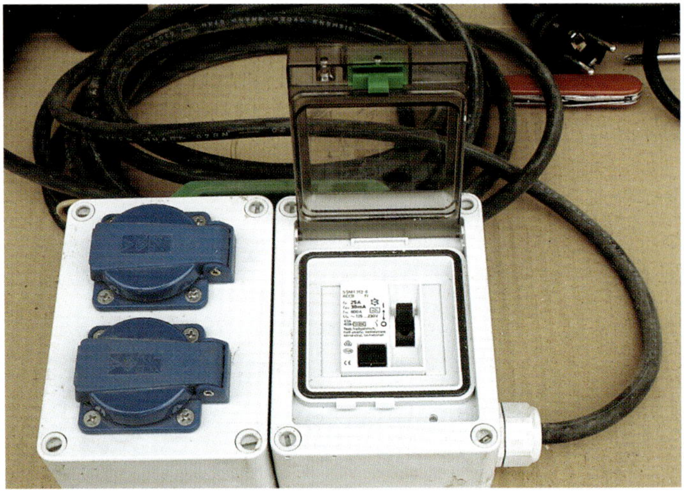

Mobile, spritzwassergeschützte Baustellen-Anschlüsse, die mit einem RCD/FI-Schalter abgesichert sind. Der viereckige Kontrollschalter der RCD-Sicherung dient der Wirkungskontrolle.

Transformatoren

Für den, der es genau wissen möchte, hier die Erklärung: Ein Transformator, kurz »Trafo« genannt, besteht aus zwei Spulen oder Wicklungen, die über einen magnetisierbaren Eisenkern verbunden sind. Das bei Wechselstrom 100-mal in der Sekunde zusammenbrechende Feld der Primärwicklung induziert jedes Mal über den Magnetkern in der Sekundärwicklung einen Stromstoß, der entsprechend dem Verhältnis der Windungen beider Spulen eine niedrigere, gleiche oder höhere Spannung hat. Weist zum Beispiel die Sekundärwicklung nur halb soviel Windungen auf wie die primäre, dann halbiert sich deren abgegebene Spannung.
Auf ähnliche Weise lässt sich sogar Gleichstrom transformieren, nur dass man dort nicht die Pole wechselt, sondern durch gezieltes Schalten des Stromflusses das Magnetfeld immer wieder unterbricht und wieder aufbaut. Auch dabei wird durch das Zusammenbrechen des Magnetfeldes der Primärwicklung in der Sekundärwicklung ein Stromstoß induziert, der aber jedes Mal in der gleichen Richtung fließt, da sich ja die Polung nicht ändert. Man erreicht also nur einen Gleichstrom in einer anderen Spannung.
Die Leistung eines Transformators wird in VoltAmpere (VA) angegeben und sollte mindestens gleich oder höher sein als die Leistungsaufnahme des angeschlossenen Verbrauchers in Watt (W), wobei VA und W bei den hier vorkommenden Leistungen das gleiche darstellen.
Dreh- und Wechselstrom kann durch einen Gleichrichter in Gleichstrom umgewandelt werden. Einfache Gleichrichter lassen den Strom nur in einer Richtung durch und sperren die gegenläufige Richtung. Moderne Brücken-Gleichrichter drehen mittels einer Diodenschaltung den negativen Stromfluss in einen positiven um, wodurch ein gleichmäßigerer Strom mit weniger Verlust entsteht.

Netzspannung

Nun noch etwas zur Spannung unseres Stromnetzes. Die bei uns übliche Spannung von 220/240 Volt Wechselstrom hat viele Vorteile. So lässt sich mit ihr Strom mit geringem Verlust über größere Strecken leiten und dabei auch noch eine hohe Leistung übertragen.
Leider ist diese Spannung nicht ungefährlich und kann für Menschen sehr schnell tödlich sein. Besonders die Verbindung von Strom und Wasser birgt große Risiken, da Wasser ein verhältnismäßig guter Leiter ist und den Strom gut in den Boden

ableitet. Deshalb müssen alle Warnungen beachtet werden, die auf den Geräten angebracht sind. Sämtliche im Freiland verwendeten Geräte und Stecker müssen für die Verwendung im Freien zugelassen sein und eine entsprechende Kennzeichnung haben.

Zur weiteren Sicherung vor Personenschäden durch Strom muss unsere Stromversorgung und besonders der Stromkreis für den Außenbereich durch einen Fehlerstrom-Schutzschalter – im allgemeinen Sprachgebrauch RCD- oder FI-Schalter genannt – abgesichert sein. Dies ist bei allen Neubauten ab 1984 vorgeschrieben und damit auch schon die entsprechende Sicherheit gegeben.

RCD/FI-Schalter

Diese Schutzschalter unterbrechen den Stromkreis sofort, wenn ein Fehlerstrom von nur 0,03 Ampere (30 mA= Milli-Ampere) auftritt. Unter einem Fehlerstrom versteht man einen Kontakt zwischen der Strom führenden Ader und der Erde oder dem Null-Leiter. Das kann zum Beispiel passieren, wenn durch eine Beschädigung des Kabels das Gehäuse eines Gerätes wie Kühlschrank oder Waschmaschine Kontakt mit dem Stromnetz bekommt. Sobald diese Geräte berührt werden oder Kontakt mit dem Boden bekommen, fließt Strom. Das bedeutet, dass eine Berührung der Geräte mit der Hand zu einem Stromstoß führt. Da der menschliche Körper nur kurze Zeit eine Stromstärke von 0,03 Ampere aushalten kann, muss ein RCD/FI-Schalter schon ab einer Stromstärke von 0,03 Ampere den Stromkreis unterbrechen – bei einer Reaktionszeit von nur 0,1 Sekunden. RCD/FI-Schalter sollten etwa alle sechs Monate auf ihre Funktionstüchtigkeit geprüft werden. Zu diesem Zweck haben sie immer einen Kontrollknopf, den man einmal kurz drückt, um sicher zustellen, dass er noch einwandfrei arbeitet.

Dort wo keine RCD/FI-Schalter vorhanden sind, können **mobile RCD/FI-Schalter** als Vorschaltstecker eingesetzt werden. Auch sie haben einen Kontrollknopf, der nach dem Einstecken und dann immer wieder mal zur Kontrolle ausgelöst werden muss. Diese Schalter sind im guten Fachhandel erhältlich und sollten überall, wo Netzstrom betriebene Unterwasserpumpen gehandelt werden, zu erwerben sein.

Links und Mitte: RCD/FI-Zwischenstecker mit und ohne Verlängerung, jeweils für den Außenbereich geeignet und mit Kontrollschalter. Rechts: Dimmer für den Innenbereich (siehe Seite 69).

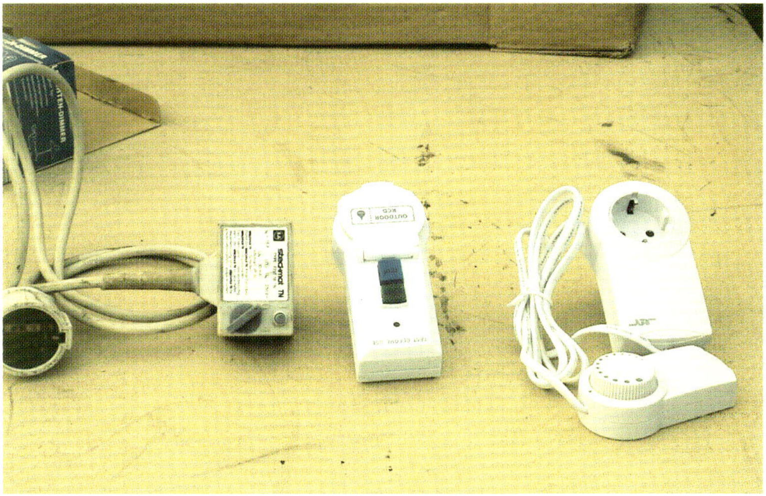

Durchbohrte Mühlsteine werden über einem wasserhaltenden Gefäß so eingebaut, dass das Wasser wieder in den Kreislauf zurückläuft. Die Pumpe muss gut zu erreichen sein.

Für Garten- und Unterwasserbeleuchtungen haben sich 12-Volt-Anlagen bewährt. Hier können Sie vieles ohne Gefahr selbst installieren. Leider gibt es keinen Pumpenhersteller mehr, der 12- oder 24-V-Pumpen produziert. Von nun an müssen alle Pumpen für Schwimmteiche oder Planschbecken 2 m vom Teich entfernt »trocken« aufgestellt werden (s. S. 24).

Niederspannung

Um allen Gefahren des normalen 230-V-Netzes aus dem Weg zu gehen, kann man in den Niedervoltbereich ausweichen. Unter einer Niederspannung versteht man Spannungen von 24 Volt abwärts. Es gibt auch Bestrebungen, noch 48 Volt unter Niedervolt einzuordnen. Allgemein gebräuchliche Spannungen sind 24, 12, 9, 6 und 4,5 Volt. Diese Spannungen sind für den Menschen unschädlich, und es bietet sich daher an, dass sie dort verwendet werden, wo die Netzspannung zu gefährlich ist. Außerdem kann mit dieser Spannung auch ein Bastler arbeiten, wenn die entsprechenden Kenntnisse vorhanden sind. So muss für entsprechende Installationen nicht unbedingt ein Fachmann geholt werden.

Für den Garten- und den Teichbereich wird für Beleuchtung vorwiegend 12 Volt verwendet und bis zum Jahresende 2006 hatte auch noch ein Hersteller leistungsfähige Pumpen mit 24 Volt in seinem Programm. Einen Nachteil hat dieser Strom jedoch auch: Auf Grund der niedrigen Spannung lässt er sich nicht über sehr weite Strecken transportieren; will man ihn dennoch etwas weiter leiten, muss man größere Leitungsquerschnitte verwenden, um die Verluste zu verringern. Besser ist es jedoch, wenn man mit dem Netzstrom so nah wie möglich an den Verbraucher bzw. an den Trafo hinfährt, sodass die zu versorgenden Geräte ohne zusätzliche Leitungsverlängerung auskommen.

Wichtig: 230-Volt-Steckdosen und überhaupt alle elektrischen Anschlüsse müssen mindestens 2 m vom Teichrand entfernt und gegen Nässe geschützt sein. Die gilt es auch für den folgenden Abschnitt zu beachten.

Stromleitungen im Garten

Die allgemein übliche Stromversorgung im Garten erfolgt über normale, oberirdisch verlegte Kabel und ist insofern natürlich mit einem gewissen Risiko verbunden. Sie ist nur für eine kurzzeitige Verbindung zu empfehlen, denn auf die Dauer besteht immer die Gefahr, dass solche Leitungen beschädigt werden können oder dass man darin hängen bleibt.
Soll die Leitung für längere Zeit dauerhaft liegen bleiben, empfiehlt es sich, sie fest im Haus anzuschließen, dann unterirdisch zu verlegen und am Ende wieder einen festen Anschluss zu installieren. Dazu verwendet man die unempfindlicheren Erdkabel.

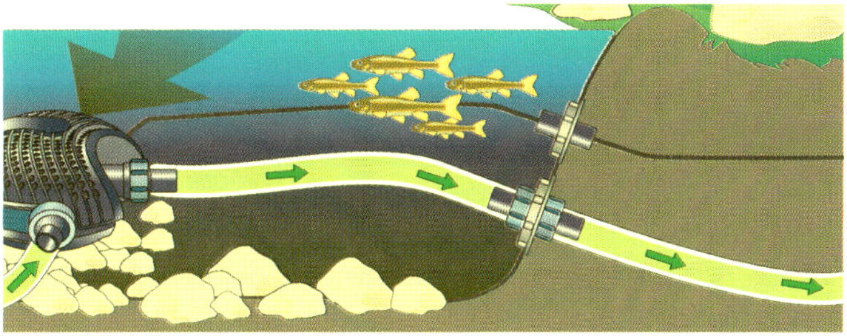

Strom und auch Wasser lassen sich mit entsprechenden handelsüblichen Durchführungen durch Beckenwände bei Fertigteichen oder durch Folien bei Folienteichen hindurchleiten.

Hier eine Universal-Wanddurchführung der Firma Oase für Strom oder Wasser.

Legen Sie die Leitungen tief genug, damit sie nicht schon beim ersten Spatenstich erreicht werden, oder besser noch, schieben Sie das Kabel durch 22 x 1,5 mm Hart-PVC-Wasserleitungsrohre für die es auch Bögen und Muffen gibt, die man ineinander stecken kann, und legen alles dann 40 cm tief in einen Graben. Ein Verkleben der Verbindungen ist nicht nötig. Diese Rohre sind im Boden praktisch unbegrenzt haltbar, bieten auf jeden Fall einen zusätzlichen Schutz und können, wenn sie nicht verklebt sind, jederzeit wieder herausgenommen oder verändert werden.

Kabeldurchführungen

Kabeldurchführungen durch die Wände von Fertigbecken oder durch Folien sind in guter Qualität im Handel erhältlich.
Es gibt zwei Arten von Durchführungen: Bei der einen Form lassen sich nur die normalen Kabel ohne Stecker durchführen, das heißt, der Stecker oder der Anschluss am Gerät muss entfernt werden, bevor das Kabel durchgeführt werden kann.
Bei einer anderen Form ist die Öffnung so groß, dass auch ein Kabel mit Stecker hindurch passt. Die Durchführungen selber haben zwei Gummidichtungen, die beiderseits der durch-

Sparen Sie nicht beim Kabel, sondern nehmen Sie gleich ein 5-adriges Kabel, dann haben Sie später die Möglichkeit, mit den freien Leitungen zusätzliche Schalter oder andere Geräte anzuschließen.

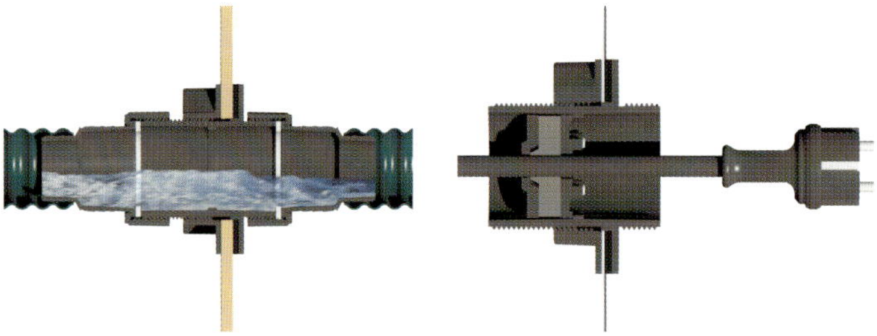

Schema der Universal-Wanddurchführungen von Oase. Links mit Schlauchtülle für Wasser, rechts mit Quetschdichtung für ein Stromkabel.

brochenen Wand oder Folie so stark zusammengepresst werden, dass sie völlig wasserdicht sind. Bei einem Durchgang durch eine Folienbahn hat es sich als vorteilhaft erwiesen, eine zweite Folie mit einem Radius von 10 cm um die Öffnung vollflächig zu verkleben oder zu verschweißen, um zu verhindern, dass die Folie bei Spannungen eventuell ausreißt.

Ein kleiner Trick: Um ein rundes Loch in einer Folie genau in der Größe zu erhalten, wie die Durchführung ist, hält man die Durchführung unter die Folie und klopf, oben vorsichtig mit einem kleinen Hämmerchen entlang der Kante, bis sich die Mitte herausnehmen lässt (siehe Bild Seite 81). Sollte die Durchführung aus Plastik sein, geht das natürlich schlecht, da muss man sich ein etwa gleich großes Metallrohr suchen.

Versuchen Sie nie, kleine Löcher mit einer Schere oder einem Messer herauszuschneiden. Das geht meistens daneben! Größere Löcher ab etwa 4 cm Durchmesser lassen sich dagegen mit einer leicht gebogenen Nagelschere herausschneiden, wenn die Größe sauber angezeichnet ist. Löcher für Durchführungen durch die Wände von Kunststoffbecken kann man mit einer Lochsäge für Bohrmaschinen einwandfrei herstellen.

Unter Wasser verwendbare Klemmdosen

Manchmal steht man vor dem Problem, dass man zwei oder drei Verbraucher, zum Beispiel Unterwasserleuchten, im Teich unterbringen will, und für jeden eine Steckdose und eine lange Zuleitung verbunden mit einer Kabeldurchführung benötigen würde. Um die vielen Kabel und Durchführungen zu vermeiden,

Dicht schließende Unterwasser-Klemmdose für vier Leitungen, mit durchsichtigem Deckel zur Kontrolle. Die roten Gummiröhrchen werden über dünnere Kabel geschoben, damit sie dicht schließen.

Bei Wasserspielen dieser Art müssen die Sprudler einzelnen mittels Durchflussreglern in ihrer Höhe reguliert werden, damit der oberste auch noch genügend Wasser erhält.

kann man stattdessen mit nur einem Kabel bis zu einer Unterwasser-Verteilerdose fahren und erst dort die drei Verbraucher mit der einen Zuleitung verbinden. Die Montage muss natürlich im Trockenen erfolgen, erst die fertige Verbindung wird im Wasser eingebaut.
Um die einzelnen Verschraubungen auch bei dünneren Kabeln dicht zu bekommen, werden die mitgelieferten roten Gummiröhrchen über die dünnen Kabel geschoben, bevor diese dann in den Dichtungen verschraubt werden. Bei normalen Kabeln, die gerade noch in die Quetschdichtungen passen, werden diese Verdickungen nicht benötigt.
Alternativ kann man bei 12-Volt-Leitungen auch normale Aufputz-Feuchtraumverteilerdosen verwenden und diese dann mit einem Vergussmittel vergießen, sodass kein Wasser mehr in die Verbindungen eindringen kann. Änderungen dieser Anschlüsse lassen sich dann allerdings nur noch durchführen, indem man die Leitungen abzwickt und in einer neuen Dose anschließt.

auf einen blick

- Unsere allgemeine Elektrizitätsversorgung erfolgt mit 230 Volt Wechselstrom, der sich verlustarm transportieren und gut in andere Spannungen transformieren lässt.
- 230 Volt ist für Mensch und Tier eine lebensgefährliche Spannung. Um Schäden zu vermeiden, müssen die Leitungen mit einem RCD/FI-Schalter mit 30 Milli-Ampere Auslösestrom gesichert werden.
- Leitungen für langfristige Stromversorgung sollten als Erdkabel möglichst in einem schützenden Rohr in mindestens 40 cm Tiefe verlegt werden. Steckdosen für Kabel müssen mindestens 2 m vom Gartenteich entfernt und spritzwassergeschützt sein.
- Auf 12 Volt heruntertransformierter Strom bietet sich für Beleuchtungen über und unter Wasser an und ist für uns Menschen ungefährlich.

Pumpen bringen Bewegung

Wasser bewegt sich unter normalen Verhältnissen ausschließlich abwärts – es fließt als Bach ins Tal, stürzt über Wasserfälle in die Tiefe, bildet Stromschnellen und treibt Mühlräder oder Turbinen an. Aufwärts transportieren lässt es sich dagegen nur mit Schöpfwerken oder mit Hilfe einer Pumpe.

Die alte gusseiserne Schwengelpumpe ist eine der frühesten und immer noch bewährten Kolbenpumpen.

Für jede Art von Wasserbewegung am Teich, für Bachläufe, für Wasserfilterung und Wasserversorgung aus einem Brunnen oder einer Zisterne werden Pumpen benötigt. Das Angebot ist heute sehr groß und vielfältig. Damit Sie sich einen groben Überblick verschaffen können, nachfolgend zunächst die wichtigsten Pumpentypen.

Pumpentypen

Die ersten wirklich gut funktionierenden Pumpen waren die Kolbenpumpen.

Kolbenpumpen

Mancher von uns kann sich noch an die gusseisernen Schwengelpumpen im Garten erinnern, mit denen das Wasser aus dem Brunnen hoch geholt wurde und die auch jetzt noch oder wieder in vielen Gärten in Gebrauch sind.
Kolbenpumpen bestehen aus einem Antrieb – früher Muskelkraft, Wasserkraft oder eine Dampfmaschine, heute ein Elektro- oder Verbrennungsmotor – der mittels einer Pleuelstange einen Kolben in einem geschlossenen Zylinder mit Ein- und Auslassventilen hin und her oder auch auf und ab bewegt.
Beim Ansaugen füllt sich der Zylinder über das Einlassventil, während das Auslassventil geschlossen bleibt. Beim Herauspressen wird das Einlassventil geschlossen und das Auslassventil geöffnet. Auf diese Weise können Kolbenpumpen hohe Drücke aufbauen.
Ein gewisser Nachteil besteht darin, dass diese Pumpen stoßweise arbeiten. Um bei einer Wasserversorgung einen gleichmäßigen Druck zu erhalten, pumpt man das Wasser daher erst in einen Druckkessel, in dem schon ein gewisser Luftdruck vorherrscht und von dem aus das Wasser mit gleichmäßigem Druck in die Leitung gedrückt wird. Durch einen Druckschalter, der auf einen bestimmten Druckbereich eingestellt ist und die Pumpe nach Bedarf ein und aus schaltet, wird der Druck im Kessel ständig auf annähernd gleicher Höhe gehalten. Alternativ kann auch durch zwei gegenläufige Pumpen ein einigermaßen gleichmäßiger Fluss in der Leitung erreicht werden.

◀ Plätscherndes Wasser bringt Bewegung und Belebung, lenkt auch von Geräuschen außerhalb des Gartens ab und lässt sich schon mit einer kleineren Pumpe realisieren.

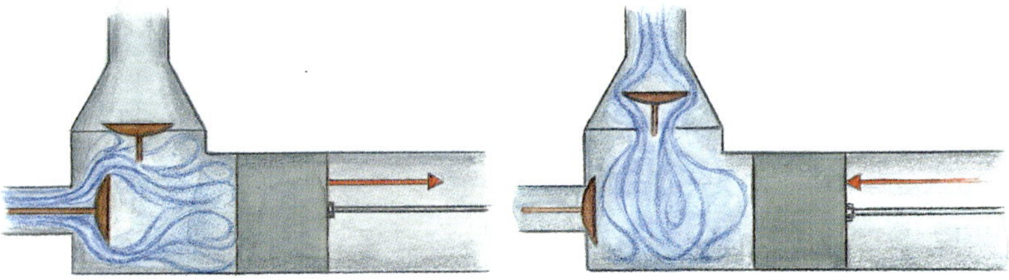

Funktion einer Kolbenpumpe: links wird neues Wasser angesaugt, rechts wird das angesaugte Wasser in die Leitung gedrückt.

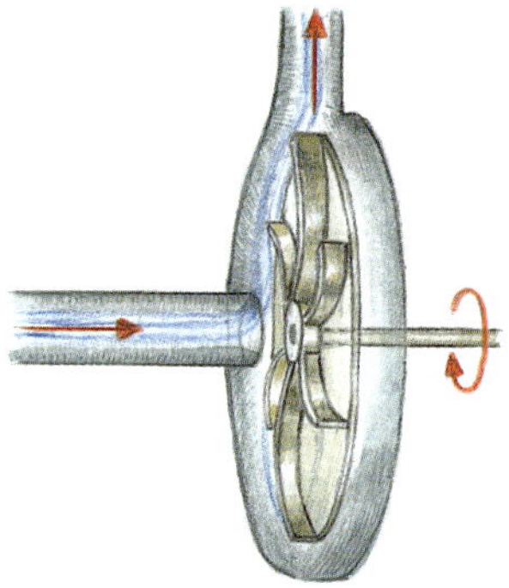

Bei Kreiselpumpen wird die Fliehkraft eines sich schnell drehenden Flügelrades zur Wasserförderung genutzt.

Noch einen weiteren Nachteil hat die Kolbenpumpe: Sie eignet sich nicht dazu, sehr große Wassermengen in kurzer Zeit zu bewegen.

Membranpumpen

Diese Art Pumpen entsprechen im Prinzip den Kolbenpumpen, doch anstelle des Kolbens ist in die Rückwand des Zylinders oder einer geschlossenen Box eine bewegliche Membran eingesetzt. Diese wird durch einen Pleuel oder durch einen Magneten nach außen gezogen und dann wieder nach innen gedrückt, wobei sich erst das Einlassventil und dann beim Drücken das Auslassventil öffnet. Vorteilhaft bei dieser Pumpe ist die Vermeidung eines reibenden Kolbens, was sich besonders bei der Förderung von Schmutzwasser oder Schlamm bewährt hat. Auch mit diesen Pumpen lassen sich hohe Drücke erreichen.

Membranpumpen arbeiten wie Kolbenpumpen, haben aber statt des Kolbens eine bewegliche und verschleißarme Membran (rechts in der Grafik).

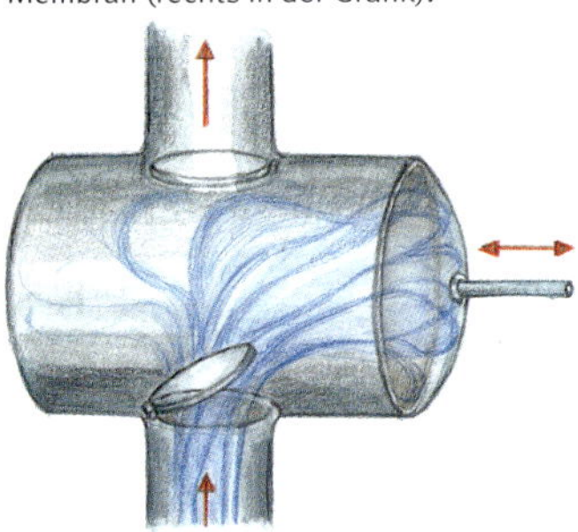

Der Vorteil von Kolben- und Membranpumpen ist, dass sie selbstansaugend sind, das heißt, sie saugen das zu fördernde Wasser bis zu einer Saughöhe von 8 m beim Einschalten selbstständig an, auch wenn sie nicht mit Wasser gefüllt sind.

Kreiselpumpen

Mit der Entwicklung von schnell drehenden Elektro- und Verbrennungsmotoren kamen auch die Kreiselpumpen auf, die, um wirkungsvoll zu arbeiten, eine deutlich höhere Umdrehungszahl benötigen als eine Kolbenpumpe.

Das Grundprinzip ist einfach: In einem flachen, runden Hohlraum befindet sich in der Mitte der Unterseite eine Ansaugöffnung mit einem Saugrohr. Eine zweite Öffnung liegt an der Seite. An sie ist die Druckleitung angeschlossen. Zentral im Hohlkörper und fast dessen ganzen Raum einnehmend, liegt ein von oben angetriebenes Flügelrad. Wird dieses Flügelrad in schnelle Drehung versetzt, wird die

Flüssigkeit zwischen den Flügeln durch die Fliehkraft nach außen geschleudert und drückt seitlich in die Druckleitung, während durch die Ansaugöffnung neue Flüssigkeit nachgesaugt wird.

Rückschlagventile

Leider haben Kreiselpumpen einen Nachteil: Sie sind nicht selbstansaugend, das heißt sie arbeiten nur, wenn sie mit Wasser gefüllt sind und sich in ihrer Saugleitung keine Luft befindet. Sobald sich das Flügelrad in der Luft dreht, geht die Saugwirkung verloren. Stehen die Pumpen im Wasser wie es bei Springbrunnen-, Entwässerungs- oder anderen Unterwasserpumpen der Fall ist, ist das kein Problem, weil das Wasser automatisch der Pumpe zuläuft. Bei oberhalb des Wasserspiegels stehenden Pumpen müssen jedoch Pumpe und Ansaugleitung mit Wasser gefüllt werden. Dazu muss die Ansaugleitung am unteren Ende mit einem Rückschlagventil versehen sein. Dieses verhindert den Rücklauf des Wassers und sorgt dafür, dass das Wasser in der Leitung stehen bleibt. Nur so kann die Pumpe funktionieren. Wird die Pumpe nach Gebrauch abgeschaltet, verhindert das Rückschlagventil das Leerlaufen der Pumpe, sodass sie beim nächsten Einschalten sofort wieder Wasser fördern kann.

Die leistungsfähige und verhältnismäßig leise Kreiselpumpe von Gardena mit Druckschalter und Feinfilter eignet sich als Hauswasserwerk und zur Gartenbewässerung.

Je nach Bauart des Kreisels und des Gehäuses können Kreiselpumpen hohe Drücke aufbauen oder größere Wassermengen auch bei niedrigerem Druck umwälzen.

Kreiselpumpen für verschiedene Verwendungszwecke

Je nach den Anforderungen, die an eine Kreiselpumpe gestellt werden, unterscheidet man im allgemeinen Gebrauch

- **Pumpen zur Wasserversorgung** mit einem Betriebsdruck von 4–5 bar
- **Tauchpumpen** zur Entwässerung von Kellern, Behältern oder Baugruben mit einem Druck von 0,8–1 bar und
- **Bachlauf- und Springbrunnenpumpen** mit einem Druck von 0,2–0,8 bar

Kreiselpumpen für die Wasserversorgung müssen höhere

Tauchpumpen dienen vorwiegend der Entwässerung von Baugruben und werden meistens mit einem Schwimmschalter gesteuert.

Um den Druck anzugeben, den eine Pumpe leistet, gibt es die Bezeichnung »bar«. 1 bar entspricht einer maximalen Förderhöhe von zehn Metern. In anderen Worten: Eine Pumpe mit 1 bar Druck pumpt das Wasser in einem Rohr bis auf die Höhe von 10 m.

Drücke aufbauen und benötigen entsprechend starke Motoren. So braucht eine Pumpe mit einer Förderhöhe bis 45 m, das sind 4,5 bar, und einer maximalen Leistung von rund 4500 Liter je Stunde (l/h) Motoren mit einer Leistungsaufnahme von ungefähr 1000 Watt (W). Das ist etwa das 13-fache an Energie verglichen mit der weiter unten angeführten Bachlaufpumpe. Kreiselpumpen werden immer trocken oberhalb des Wasserspiegels aufgestellt. Das Pumpengehäuse mit dem Kreiselrad ist entweder direkt an den Motor angebaut oder mit ihm durch eine Welle verbunden. Da die Motoren in dieser Leistungsklasse viel Wärme entwickeln, müssen sie meistens mit einem Luftgebläse gekühlt werden, was die Pumpen ziemlich laut werden lässt.
Wasserversorgungseinrichtungen sollten stets einen annähernd gleichmäßigen Betriebsdruck haben. Die Steuerung des Betriebsdrucks einer Hauswasserversorgung oder einer Bewässerungsanlage wird durch einen Druckschalter geregelt, der auf einen bestimmten Druckbereich, zum Beispiel 3,5–4 bar, eingestellt ist. Wird in der Leitung durch das Aufdrehen eines Wasserhahns der Druck von 3,5 bar unterschritten, schaltet die Pumpe ein, und beim Erreichen von 4 bar schaltet sie wieder ab. Auf Grund dieser Tatsachen – hoher Lärmpegel und hoher Stromverbrauch – sollten Kreiselpumpen nur zur Wasserversorgung eingesetzt werden und nicht zum Dauerbetrieb eines Bachlaufs oder einer Filteranlage. Im Vergleich zu einer guten Bachlaufpumpe verbrauchen sie etwa das 10- bis13-fache an Strom!

Tauchpumpen

Tauchpumpen dienen zur Entwässerung von Kellern, Baugruben oder Behältern. Für eine beispielsweise maximale Förderhöhe von 8–9 m und eine maximale Fördermenge von rund 4500 l/h benötigen sie eine Leistungsaufnahme um die 350 W. Die meisten Tauchpumpen haben aber noch eine höhere Förderleistung und somit auch einen höheren Stromverbrauch.
Von der Bauart her sind sie anders aufgebaut als die vorher besprochenen Pumpen. Da Tauchpumpen, wie der Name

schon sagt, unter Wasser arbeiten, muss der Motor vor Wasser geschützt sein und sitzt meist in einer Edelstahlkapsel im oberen Teil der Pumpe. Die Welle vom Motor zum Antrieb des darunter liegenden Pumpenkreisels muss durch zwei oder drei elastische Lippendichtungen abgedichtet werden, damit kein Wasser in den gekapselten Motor eindringen kann. Diese Dichtungen schlucken durch ihre Reibung natürlich auch eine gewisse Menge der Antriebsenergie und unterliegen außerdem einem auf die Dauer nicht zu unterschätzendem Verschleiß.
Um eine Überhitzung des gekapselten Motors zu vermeiden, fließt das geförderte Wasser erst durch den gesamten Pumpenkörper, umspült und kühlt dabei die Motorkapsel und wird erst dann dem Druckstutzen zugeführt. Auch Tauchpumpen sind nicht für Dauerbetrieb ausgelegt und verbrauchen auch noch verhältnismäßig viel Strom. Die zu erwartende Lebensdauer einer Tauchpumpe liegt bei etwa 5000–6000 Betriebsstunden, was etwa 250 Tagen durchgehenden Dauerbetriebs entspräche. Im Gegensatz dazu sind die nachfolgend beschriebenen Pumpen für einen mehrjährigen Dauerbetrieb konstruiert.

Pumpen für Filter, Bachläufe und Springbrunnen

Pumpen für Springbrunnen und Gartenteiche sind so ausgelegt, dass sie mit möglichst wenig Energie möglichst große Wassermengen bewegen können. Ein weiterer Vorteil ist die Langlebigkeit guter Gartenteichpumpen, die oft bis zu fünf Jahre Garantie haben und bei denen man somit mit einer Laufzeit von mehr als fünf Jahren rechnen kann. Diese beiden Vorteile sind durch die ganz andere Bauart der Pumpen bedingt. Wir unterscheiden hier zwei Arten, die zwar von der Bauart her sehr ähnlich sind, sich jedoch im Antrieb deutlich unterscheiden.

Synchronpumpen

Für den Indoor-Bereich (Zimmerspringbrunnen und Aquarien) oder auch für kleine Springbrunnen im Außenbereich werden so genannte Synchronpumpen verwendet. Sie bestehen aus einer Antriebseinheit und einem permanent magnetischen Rotor. Der Antrieb erfolgt über einen U-förmigen Eisenkern, der in der Mitte mit einer Spule umwickelt ist, durch die der normale Wechselstrom geschickt wird. Das wiederum bewirkt, dass, wie beim Transformator, die beiden Pole des Eisenkerns in der Sekunde 50-mal Pluspol und Minuspol sind. Aus dem Physikunterricht wissen wir, dass sich gegenseitige Pole anziehen und

Darstellung einer Synchronpumpe mit dem Gehäuse, das die Magnetspule enthält, dem permanent-magnetischen Rotor mit Flügelrad und dem Pumpengehäuse.

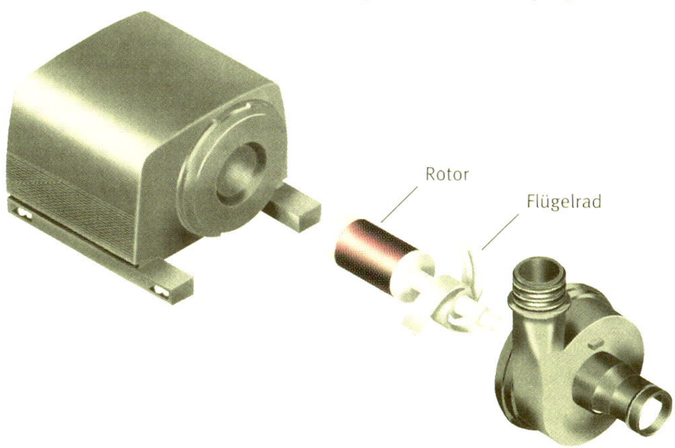

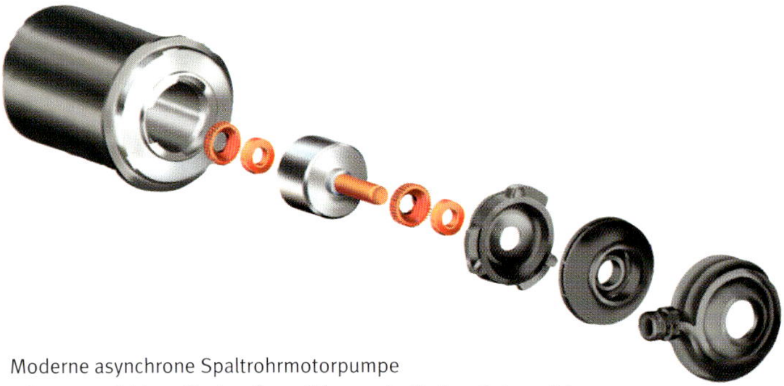

Moderne asynchrone Spaltrohrmotorpumpe
mit wasserdichtem Strator, Keramiklagern (rot), dem Rotor mit innen liegendem Käfig aus Kupferstäben und den Teilen der Kreiselpumpe.

gleiche Pole abstoßen. Wird nun ein Magnet in das Feld zwischen den beiden Polen gebracht, muss sich auch der 50-mal in der Sekunde um die eigene Achse drehen, damit sich die gegenteiligen Pole immer gegenüber liegen. Dies bedeutet eine Drehzahl von 3000 Umdrehungen in der Minute, die sich nicht verändern lässt. Natürlich liegt der stromführende Elektromagnet nicht frei im Wasser, sondern ist wasserdicht gekapselt, und der magnetische Rotor dreht sich auf einer festen Welle.

Pumpen mit asynchronen Spaltrohrmotoren

Diese Pumpen werden durch so genannte Spaltrohrmotoren angetrieben, die nicht mehr synchron zum Wechselstrom-Rhythmus laufen, sondern etwas hinterher hängen. Dies hat aber auch den Vorteil, dass sie durch einen Drehzahlsteller (Dimmer) in der Leistung gedrosselt werden können.

Bei diesen Pumpen sind Antrieb und Rotor durch einen feinen Spalt getrennt, und beide sind auch jeweils für sich gekapselt. So entstehen weder für den Antrieb noch für den Rotor mit der Pumpenwelle und dem Flügelrad irgendwelche Dichtungsprobleme.

Die Wirkungsweise beruht auch in diesem Fall auf dem Zusammenspiel von elektromagnetischen Feldern. Im äußeren Gehäuse, dem Strator, wird ein umlaufendes elliptisches Magnetfeld erzeugt. Im Inneren des Rotors befinden sich Kupferstäbe, die an den Enden mit

Ältere asynchrone Spaltrohrmotorpumpe mit geöffnetem Strator und seinen Wicklungen sowie dem Rotor mit dem Flügelrad. Asynchronmotoren lassen sich mit Dimmern regeln.

einer Kupferplatte kurzgeschlossen werden. Durch den Einfluss des äußeren umlaufenden Magnetfeldes entsteht in den kurzgeschlossenen Kupferstäben ein Stromfluss, der seinerseits ein Magnetfeld aufbaut, welches den Rotor nach dem Prinzip der an- und abstoßenden Pole zum Drehen bringt.
In dem feinen Spalt zwischen Rotor und Strator dringt Wasser ein, das bei diesen Pumpen auch als Schmiermittel dient. Ein dünner Wasserfilm umspült alle beweglichen Teile der Pumpe. (Daher werden diese Pumpen auch Nassläufer genannt). Auch die Rotorwelle und deren Lager werden vom Wasserfilm erreicht. Sie bestehen aus hochfester Keramik, und der dünne Wasserfilm reicht, um Lager und Welle zu schmieren. So sind diese Pumpen sehr leise und wartungsarm. Das bedeutet für uns als Käufer, dass der Pflegeaufwand zum Erhalt der Pumpe fast gleich Null ist.
Da in diesen Pumpen keine weiteren Verschleißteile vorhanden sind, ist auch die Garantiezeit von drei bis fünf Jahren verständlich. Wenn im Folgenden von Pumpen gesprochen wird, bezieht sich das vorwiegend auf die oben beschriebenen Spaltrohrmotor-Pumpen.

Pumpenkennzeichnung

Bei den Beschreibungen von Pumpen werden immer bestimmte Leistungen angegeben, die auch in einem Diagramm dargestellt werden. Die dazu verwendeten Begriffe wollen erst geklärt sein, damit beim Kauf von Pumpen keine Fehler entstehen.

Die Fördermenge

Sie wird angegeben in Litern pro Minute oder pro Stunde (l/min; l/h), oft mit dem Zusatz »maximal«. Diese maximale Fördermenge bezieht sich immer auf eine Förderhöhe von null Meter, das heißt, sie wird nur erreicht, wenn das Wasser direkt aus der Pumpe läuft oder der Auslauf auf gleicher Höhe wie die Pumpe liegt. Höhenunterschiede in der Leitung nach unten oder oben heben sich auf. Die Menge kann sich nur durch eine mögliche Reibung in der Leitung reduzieren.

Die Förderhöhe

Sie wird angegeben in Metern Wassersäule (mWs) oder Bar, oft ebenfalls mit dem Zusatz »maximal«. Dabei entspricht ein Meter Förderhöhe einem Zehntel Bar (0,1 bar). Gerechnet wird die Förderhöhe immer von der Wasserspiegelhöhe aus. Dies bedeutet, dass es egal ist, ob wir die Pumpe in 20 cm Wassertiefe aufstellen oder in 120 cm. Sie erreicht immer die gleiche Förderhöhe vom Wasserspiegel aus gemessen. Was bedeutet aber die maximale Förderhöhe?

Darstellung der Pumpenleistung in Abhängigkeit von der Förderhöhe. Die Erläuterung dazu finden Sie im Text auf der nächsten Seite.

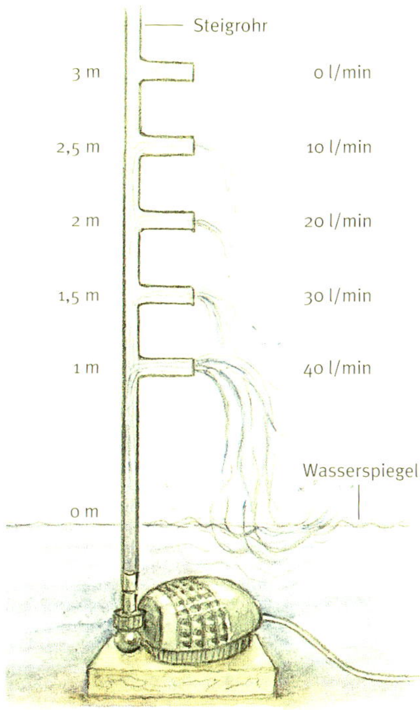

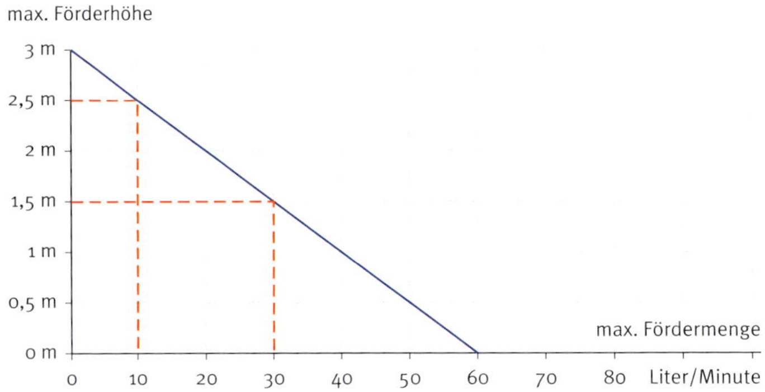

Die Pumpenkennlinien bestimmter Pumpen lassen uns für jede Höhe die verfügbare Wassermenge errechnen. Bei dieser sind es bei 1,50 m Auslaufhöhe 30 l/min, und bei 2,50 m nur noch 10 l/min.

Das erklärt sich am besten an einem Beispiel:
Wir haben eine Pumpe mit einer maximalen Förderhöhe von 3 mWs und einer maximalen Fördermenge von 60 l/min. Diese Pumpe steht 20 cm tief im Wasser. An die Pumpe ist mittels eines Bogens ein senkrecht stehendes, durchsichtiges Plexiglasrohr von 5 m Höhe angeschlossen. Schalten wir jetzt die Pumpe ein, dann läuft das Wasser nicht oben aus dem Rohr, sondern die Wassersäule endet auf einer Höhe 3 m über dem Wasserspiegel. Die Pumpe schafft also nicht mehr als diese maximale Höhe. Haben wir nun am Rohr in 2,5 m Höhe einen Hahn, den wir öffnen können, dann wird aus dem Rohr auch Wasser laufen. Wir können auch ungefähr schätzen, wie viel es sein wird: Bei 2,50 m sind wir 0,50 m unter der maximalen Förderhöhe; das ist ein Sechstel unter der maximalen Förderhöhe, also wird ziemlich genau auch ein Sechstel der maximalen Fördermenge von 60 l/min = 10 l/min oben herauslaufen und bei 1,50 m etwa die Hälfte = 30 l/min. Für uns als Käufer einer Pumpe ist es also wichtig, dass wir wissen, wie hoch der Auslauf unserer Pumpe über dem Wasserspiegel liegt und wie viel Wasser wir in dieser Höhe benötigen.

Die Pumpenkennlinie

Die obige Rechnung stimmt fast immer dann, wenn die Pumpenkennlinie eine Gerade ist. Zu jeder guten Gartenteichpumpe gehört ein Diagramm mit der Pumpenkennlinie, welches die Leistung der Pumpe darstellt. Jedes Diagramm hat auf der senkrechten Achse die Förderhöhe und auf der waagerechten Achse die Fördermenge der Pumpe ausgewiesen. Die Linie, die den Punkt der maximalen Leistung auf der waagerechten Achse mit dem Punk der maximalen Förderhöhe auf der senkrechten Achse verbindet, nennt man die Pumpenkennlinie. Sie erspart uns die oben gemachte Rechnung, besonders wenn die Kennlinie leicht gebogen ist. Anhand der Koordinaten können wir stets die Wassermenge erkennen, die bei einer bestimmten Höhe gefördert wird. Anders ausgedrückt: Wir können anhand unserer Vorgaben, also der gewünschten Förderhöhe und der benötigten Wassermenge, eine Pumpe mit der entsprechenden Leistung heraussuchen. Die Diagramme finden wir manchmal in den Katalogen, oder Sie fragen Ihren Verkäufer. Sollte er Ihnen nicht helfen können, dann nehmen Sie ein kariertes Papier und zeichnen sich unten in gleichen Abständen die 10, 20, 30 usw. Liter bis zur angegebenen maximalen Fördermenge ein und auf der Senkrechten die Förderhöhen in 50 cm Abständen bis zur angegebenen maximalen Förderhöhe ein. Wenn Sie jetzt H max. und L max. mit einer geraden Linie verbinden, dann haben Sie eine annähernde Pumpenkennlinie.

Weiteres Wissenswertes

Energieverbrauch

Der Energieverbrauch ist ein wichtiges Kriterium beim Kauf von Bachlauf- oder Filterpumpen. Besonders Filterpumpen müssen durchgehend laufen, sonst verlieren die Filter ihre Wirkung. Auf Grund der geringen Reibungsverluste bei Spaltrohrmotoren – nur zwei verschleißfreie, wassergeschmierte Keramiklager – ist eine verhältnismäßig hohe Förderleistung bei einem sehr geringen Energieaufwand zu erreichen. Beispielsweise haben Bachlaufpumpen bei einer maximalen Förderhöhe von etwa 2 m, wie sie bei Bachläufen nur sehr selten verlangt wird, und einer Fördermenge von etwa 80–90 l/min nur eine Leistungsaufnahme von ungefähr 110–120 W. Das heißt, in 10 Stunden werden etwa 1,2 KWh Strom verbraucht.

Das Typenschild

Wie es für jedes Elektrogerät vorgeschrieben ist, hat auch eine Pumpe ein Typenschild, auf dem der Typ und die wichtigsten Daten der Pumpe vermerkt sein müssen, zum Beispiel:

Typenschild mit den wichtigsten Angaben und den Hinweisen auf Sicherheitsprüfung und EG-Bestimmungen

- Spannung, das Wechselstromzeichen und die Frequenz : 220 V ~ 50 Hz
- Die Leistungsaufnahme in Watt: 45 W
- Tauchtiefe in Meter: Ein auf der Spitze stehendes Dreieck , darunter ein Bruchstrich und darunter die Wassertiefe $\frac{\nabla}{4m}$
- Die maximale Förderhöhe: H max. 3,50 mWs
- Die maximale Fördermenge: Q max. 50 l/min

Mit den beiden letzten Angaben lässt sich in einem Koordinatensystem eine ziemlich genaue Pumpenkennlinie erstellen.

Filtergehäuse

Gute Gartenteichpumpen haben ein größeres Filtergehäuse, welches gröbere Teile wie Blätter oder kleine Fische abhält. Je größer diese Filterfläche ist, desto länger dauert es, bis der Filter sich zusetzt und die Leistung nachlässt. Einige Hersteller bieten sogar Pumpen an, die mit zusätzlichen Filterflächen ausgestattet sind. Diese sind direkt an der Pumpe angebracht oder werden von der Pumpe entfernt gesondert aufgestellt. Filtergehäuse sind Grobfilter und dürfen nicht mit den Teichfiltern, die der Wasserklärung dienen, verwechselt werden (siehe Teichfilter, Seite 47).

Manche Pumpen haben zur Vergrößerung der Filterfläche neben ihrem Filtergehäuse noch einen weiteren Grobfilter.

Der richtige Standort

Aufstellung im Wasser

Normalerweise werden Gartenteichpumpen im zu bewegenden Wasser aufgestellt. Dort werden sie vom Wasser umspült und können durch ihr Filtergehäuse das Wasser ansaugen. Nach Möglichkeit stellen wir die Pumpe nicht direkt auf den Teichboden, da sie dort sehr leicht verschmutzen und das Filtergehäuse leicht verstopft. Besser ist die Platzierung etwas erhöht auf einem Ziegelstein oder ähnlichem. Das gilt jedoch nicht für die Filterpumpen zur Speisung von Filteranlagen.

Die Wasserversorgung solcher Sprudelschalen kann durch eine im Sockel eingebaute oder auch durch eine außerhalb des Teichs »trocken« aufgestellte Pumpe erfolgen.

Wenn Sie Ihre Pumpen etwas erhöht auf den Teichboden stellen, verschmutzen sie nicht so schnell.

Diese werden direkt auf den Teichboden – nach Möglichkeit an die tiefste Stelle – gestellt, damit sie dem Filter so viel Schlamm und Schmutz wie es nur geht zuführen können.

Trockenaufstellung

Für einige Spaltrohrmotoren-Pumpen ist auch eine »Trockenaufstellung« möglich. Darunter versteht man, dass diese Pumpen außerhalb des Wassers aufgestellt werden können, zum Beispiel in einem Schacht oder zur frostsicheren Unterbringung in einem Keller. Bei dieser Aufstellung ist nur ein wichtiger Punkt zu beachten: Die Pumpe muss unterhalb des Wasserspiegels stehen, damit das Wasser, nach dem Prinzip der kommunizierenden Röhren, immer in der Pumpe steht, denn sie ist ja nicht selbstansaugend. Die Ansaugleitung muss dafür zunächst durch die Teichfolie oder bei Fertigteichen durch deren Wand geführt werden, und dann werden Saug- und Druckleitung fest an die Pumpe angeschlossen. Da die Pumpe unter dem Wasserspiegel steht, werden der Rotor und die Keramiklager wieder vom Wasser geschmiert. Damit man die Pumpe bei Bedarf auch mal demontieren kann, ist es empfehlenswert, in die Ansaugleitung noch einen Absperrhahn einzubauen.

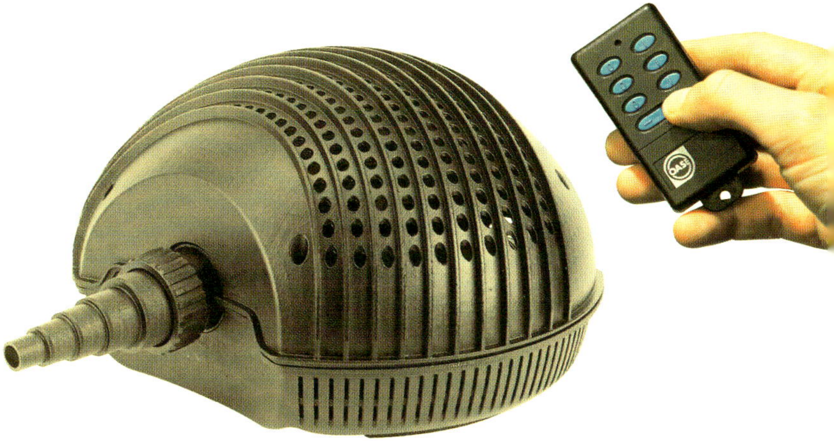

Diese leistungsfähige Oase-Filterpumpe hat zwei Pumpen zum Anschluss von zwei Geräten. Beide Pumpen sind mittels einer Fernbedienung einzeln ein- und ausschaltbar und zu regeln.

Fernsteuerung

Die Firma Oase bietet eine weitere Pumpe an (»Promax«), die ferngesteuert werden kann und aus zwei parallel geschalteten Pumpen in einem Gehäuse mit nur einem Druckstutzen besteht. Sie ist speziell als Filterpumpe konzipiert, lässt sich aber genauso gut als Bachlaufpumpe verwenden. Wenn man sie nicht verändert, nehmen beide Pumpen das Wasser über das Filtergehäuse auf und bringen Leistungen bis über 400 l/min. Beide Einzelpumpen haben aber auch einen Saugstutzen mit Gewinde, der es ermöglicht, an eine von ihnen einen Skimmer (siehe S. 59) oder einen weiteren Grobfilter anzuschließen. Als Besonderheit haben diese Doppelpumpen eine Fernsteuerung, die es erlaubt, dass man jede Pumpe einzeln aus- und einschalten kann. Außerdem ermöglicht ein Dimmer (siehe S. 69), die Pumpenleistung per Fernbedienung zu regulieren. Weiteres zu Fernbedienungen und Steuerungen finden Sie ab Seite 67.

Die Trockenaufstellung einer Pumpe kann in einem Keller oder auch in einem Schacht im Garten erfolgen. Die Pumpe muss immer unterhalb des Wasserspiegels stehen!

Wichtig! Bei allen Teichen, in denen gebadet oder geschwommen wird, muss die Pumpe außerhalb des Teichs entweder in einem Schacht oder im Keller »trocken« aufgestellt werden! Das gilt auch, wenn die Pumpe durch einen RCD/FI-Schalter abgesichert ist (siehe Seite 9).

Die zweimotorige, geöffnete Oase-Filterpumpe. An beide Pumpen lassen sich Saugleitungen anschließen.

Schwimmpumpen

Die Aufzählung von Pumpentypen wäre nicht vollständig, wenn nicht noch die Schwimmpumpen erwähnt würden. Hierbei handelt es sich um Springbrunnenpumpen, die von einem Schwimmkörper umgeben sind.

Eine mobile Schwimmpumpe mit Fontäne und Beleuchtung sorgt für einen stimmungsvollen Abend.

Je nach Leistung können damit auch größere Fontänen betrieben werden. Damit sie bei starkem Wind nicht abgetrieben werden, kann man sie am Boden verankern. Das Stromkabel sollte man dazu aber nicht benutzen. Der Einsatz dieser Pumpen bietet sich in stärker verschlammten Teichen an oder auch als mobiles Aggregat für wechselnden Einsatz. Einige Schwimmpumpen können mit einem 12-V-Beleuchtungsset verbunden werden.

Überwinterung und Wartung

Alle Pumpen, ob über oder unter Wasser, dürfen nicht einfrieren, denn die Sprengkraft des Eises zerreißt fast jede Pumpe. Steht aber eine Bachlauf- oder Springbrunnenpumpe so tief im Wasser, dass sie vom Eis nicht erreicht wird, kann sie auch dort überwintern. Um zu verhindern, dass sich die Pumpe in der Winterpause festsetzt, sollte man sie an frostfrei-

Um die Pumpe zu reinigen oder winterfertig zu machen, wird die Filterschale geöffnet, das Kreiselgehäuse entfernt und das Flügelrad gereinigt.

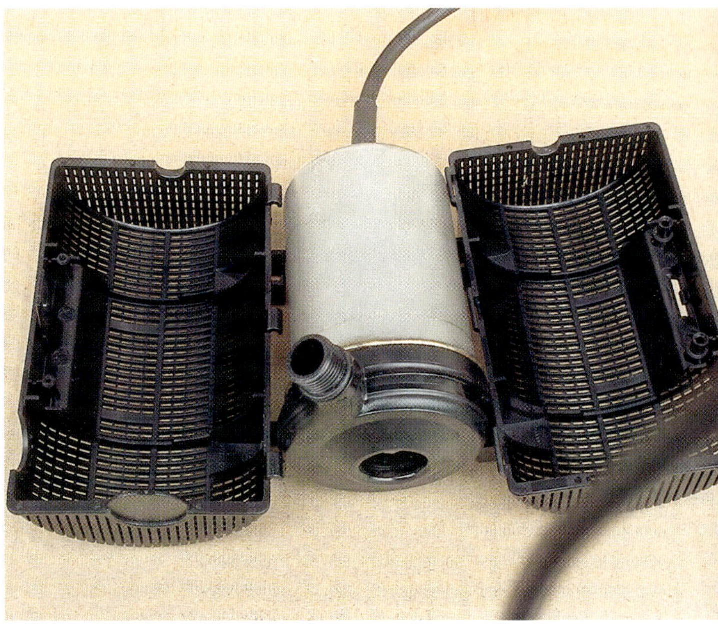

Damit die Pumpe im Winter nicht eintrocknet und sich festsetzt, wird sie nach der Reinigung in klarem Wasser, dem etwas Spülmittel zugesetzt wird, überwintert.

en Tagen gelegentlich kurz einschalten.
Man kann die Pumpen natürlich auch den ganzen Winter hindurch laufen lassen, nur muss man dabei bedenken, dass die Pumpe am Teichgrund im 4 °C warmen bzw. kalten Wasser steht, das bei dieser Temperatur am schwersten ist. Das darüber liegende Wasser ist im Winter noch kälter und direkt unter dem Eis haben wir eine Temperatur von 0 °C. Wenn also dieses 4 °C warme Wasser über einen Bachlauf weiter abkühlt, wird irgendwann auch unten an der Pumpe eine Temperatur von 0 °C erreicht – und damit beginnt auch dort die Eisbildung: Es verringert sich der Schwimm- und Atembereich der Fische, die dann irgendwann ersticken oder erfrieren.

Reinigung und Wartung

Doch auch diese im Teich überwinternden Pumpen müssen ab und zu gereinigt werden, und da bietet sich die Zeit vor dem Winter an. Nach dem Laubfall, wenn alle Blätter entweder vom Skimmer aufgenommen wurden oder auf den Teichboden gesunken sind, ist die beste Zeit dazu. Dann wird das Filtergehäuse auseinander- oder abgenommen, gereinigt und gleichzeitig auch die Pumpe selbst kontrolliert, ob sich vielleicht im Flügelrad Pflanzenreste festgesetzt haben, die den Wasserfluss behindern, was gelegentlich vorkommen kann. Diese Reste sind vorsichtig zu entfernen, damit nichts beschädigt wird. Dann wird die Pumpe wieder zusammengesetzt und kann im Wasser wie oben beschrieben überwintern. Frostgefährdete Pumpen werden aus dem Teich genommen, Filtergehäuse, Pumpengehäuse und Flügelrad mit Wasser oder Pumpenreiniger gesäubert und dann noch einmal im klaren Wasser laufen gelassen. Im sauberen Wasser werden sie dann auch überwintert. Eine trockene Überwinterung ist nicht zu empfehlen, da sich der Rotor möglicherweise festsetzen könnte.

auf einen blick

- Spezielle Bachlauf-, Filter- oder Springbrunnen-Pumpen sind leistungsfähig, energiesparend und sehr langlebig.
- Die Pumpenkennlinie einer Pumpe sagt uns, wie viel Wasser bei einer bestimmten Höhe zur Verfügung steht und hilft, die richtige Auswahl zu treffen.
- Viele gute Pumpen lassen sich nicht nur im Wasser verwenden, sondern können auch »trocken« aufgestellt werden. Das ist Pflicht bei Schwimmteichen.

Wasserspiele, Bachläufe und Wasserfälle

Wenn man schon einen Gartenteich hat, bietet es sich an, auch etwas Bewegung in die ruhige Wasserfläche zu bringen. Und wer träumte nicht davon, im eigenen Garten einen Bach plätschern zu hören, womöglich sogar mit kleinem Wasserfall?

Wasserbewegung

Um einen Brunnen, einen Quellstein oder einen Bachlauf zu speisen, benötigen wir neben der Pumpe (siehe 2. Kapitel) eine entsprechende Wasserleitung.

Wasserleitungen

Leitungen für den Garten sollten einfach zu verlegen sein und aus haltbarem Material bestehen. Aber welches Material ist für diesen Zweck besonders geeignet? Was lässt sich gut verarbeiten und verlegen, was ist sehr lange haltbar und was nur wenig anfällig für Beschädigungen?

Eisenrohre

Früher wurden vorwiegend verzinkte Eisenrohre als Wasserleitungen verlegt. Trotz ihrer Verzinkung haben Eisenrohre nur eine bedingte Haltbarkeit im Boden, und die kann je nach Bodenart stark schwanken. Außerdem sind sie verhältnismäßig schwer und auch schwer zu verarbeiten. Es müssen Gewinde geschnitten werden, man benötigt Fittings wie Bögen oder Muffen, mal mit Innen-, mal mit Außengewinde, und einkürzen kann man sie nur mit einer Eisensäge oder einem Rohrabschneider. Auf abgeschnittene Rohre muss mit einem Gewindeschneider wieder ein neues Gewinde geschnitten werden. Die Verschraubungen müssen mit Hanf und Dichtungspaste oder mit Teflonband abgedichtet werden. Das sind Arbeiten, die wir nur mit entsprechender Ausrüstung und Erfahrung selber machen können. Außerdem dürfen solche Leitungen auch nicht einfrieren, da das Eis sie zerreißt.

PVC-Rohre

Eine weitere Möglichkeit für Leitungen sind Rohre aus Hart-PVC. Auch für sie benötigen wir Muffen und Bögen, doch sie sind leicht, lassen sich problemloser kürzen, und alle Verbindungen werden einfach verklebt. Sie sind dadurch schon deutlich leichter zu verarbeiten als das gute alte Eisen und sind im Boden korrosionssicher und praktisch unbegrenzt haltbar, wenn sie nicht durch Hacke oder

◀ Wasserglocken spritzen und plätschern nicht und werden nur vom Wind bewegt. Sie benötigen dazu nur eine Pumpe und den entsprechenden Wasserglocken-Aufsatz.

Leitungen aus Hart-PVC gibt es in Durchmessern von 20 bis 50 mm und mehr. Alle Teile werden ineinander geschoben und verklebt.

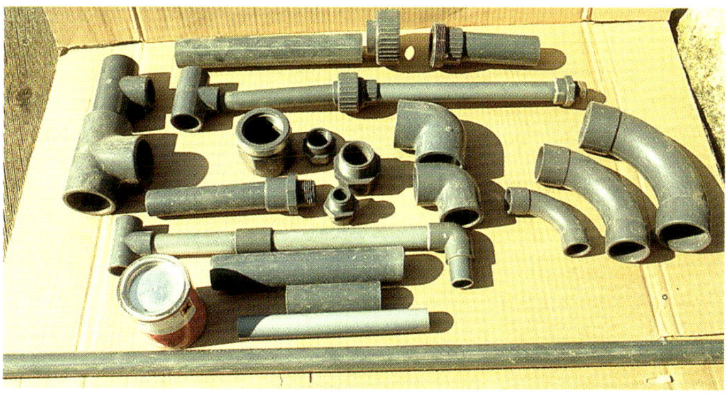

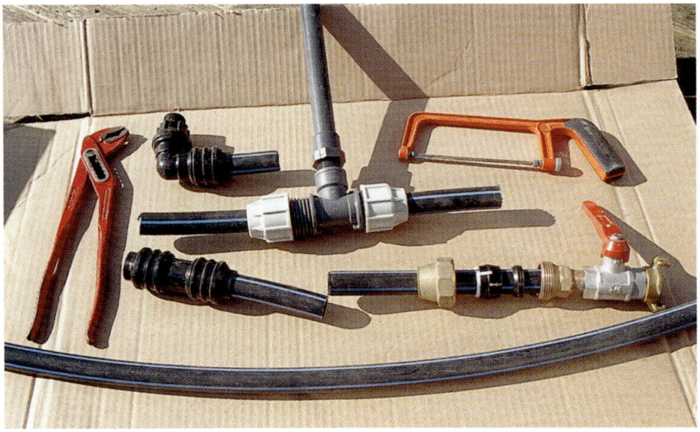

Steckverbindungen für die etwas biegsamen PE-Rohre lassen sich nur einmal verwenden. Plastik- oder Messing-Verschraubungen können mehrfach benützt werden.

Spaten beschädigt werden. Auch sind sie nicht ganz so frostempfindlich wie die Eisenrohre.
Die Verarbeitung ist simpel; mit etwas Geschick kann das eigentlich jeder.
PVC-Rohre werden mit einer feinen Säge, am besten mit einer Eisensäge, auf die passenden Längen geschnitten und die Schnittstelle mit einer Feile oder einem Entgrater innen und außen entgratet. Bevor wir die Leitung verkleben, wird sie probeweise mit Muffen, Bögen oder Endverschraubungen zusammengesteckt. Erst wenn alles stimmt, werden die Verbindungsstellen mit einem Reiniger gesäubert, mit dem PVC-Kleber eingestrichen und die einzelnen Teile ineinander geschoben. Bei Temperaturen über 15 °C sind diese Verbindungen schon nach kurzer Zeit ausgehärtet.

PE-Rohre

Sehr gut haben sich auch die schwarzen PE-Rohre als Wasserleitungen bewährt. Sie sind einigermaßen biegsam, lassen sich je nach Durchmesser in Radien von 60 bis 40 cm biegen, und sie sind auf Grund ihrer etwas größeren Elastizität deutlich unempfindlicher gegen Beschädigungen als Hart-PVC-Rohre. Sie werden in großen Rollen produziert, und sind im Handel in beliebigen Längen zu bekommen. Verbunden werden sie entweder mit Messing-Verschraubungen und dazugehörigen Fittings oder alternativ mit PE-Steckverbindungen. Diese Steckverbindungen haben den Nachteil, dass sie nur einmal verwendet werden können, denn sie haben innen mehrere Dichtungslippen, die wie Reusen das Rohr wohl hinein lassen, sich aber verkeilen, wenn es wieder herausgezogen werden sollte oder die Leitung unter Druck steht. Vor dem Zusammenstecken müssen die Rohrenden gründlich gesäubert werden, damit die Dichtungslippen auch gut schließen. Die Messing-Verschraubungen dagegen kann man beliebig oft lösen und wiederverwenden, nur sind sie deutlich teurer.

Spiralschläuche

Noch beliebter als feste Leitungen sind Spiralschläuche. Diese Schläuche aus flexiblem Material werden mit einer steifen Spirale widerstandsfähig gegen Druck von außen und inneren Sog gemacht. Ursprünglich wurden sie nur als Saugschläuche verwendet, haben sich inzwischen aber auch als gute Druckschläuche bewährt. Diese Schläuche gibt es in grün mit weißer oder schwarzer Spirale oder schwarz in schwarz. Der schwarze Spiralschlauch hat den Vorteil, dass er etwas beständiger gegen UV-Strahlung ist und dass sich in ihm, wenn er in der Sonne liegt, wegen des Lichtmangels keine Algen bilden, dafür heizt er sich in der Sonne stärker auf. Spiralschläuche werden vom erfahrenen Landschaftsgärtner allen anderen Leitungen vorgezogen, denn sie sind flexibel, unemp-

Spiralschläuche in allen Größen eignen sich am besten für den Selbstbau.

Leitungsquerschnitt und Reibungsverluste

Förder-menge (Liter/min.)	**Lichte Werte** (mm – Zoll)	**Druckverlust je lfm** (mWS)*
30	**20 mm – 3/4"**	0,12 mWS
50		0,32 mWS
50	**25 mm – 1"**	0,08 mWS
75		0,19 mWS
100		0,34 mWS
100	**32 mm – 1 1/4"**	0,11 mWS
150		0,21 mWS
100	**40 mm – 1 1/2"**	0,03 mWS
150		0,07 mWS
200		0,12 mWS
250		0,15 mWS
200	**50 mm – 2"**	0,04 mWS
250		0,06 mWS
300		0,08 mWS
350		0,10 mWS
400		0,14 mWS
450		0,17 mWS

* mWS = Meter Wassersäule

findlich und können einfach mit Schlauchschellen an Verschraubungen, Kupplungen oder Pumpen angeschlossen werden.

Reibungsverluste

Ein wichtiges Merkmal jeder Leitung ist ihr Durchmesser. Nur wenn der Leitungsquerschnitt groß genug ist, kann die Förderleistung einer Pumpe ohne Verluste ausgenutzt werden.
Hier ein paar Beispiele (siehe Tabelle, nach Oase-Pumpen):
Eine Bachlaufpumpe mit einer Fördermenge von 100 l/min hat bei einem Leitungsdurchmesser von 25 mm, das ist ein 1 Zoll (1"), einen **Druckverlust von 0,34 Meter Wassersäule (mWS) je laufenden Meter Leitung,** das sind für 10 m Leitung – eine durchaus normale Entfernung beim Bau eines Bachlaufs- ein Druckverlust 3,40 mWs. Das bedeutet, dass bei Pumpen mit maximaler Fördermenge von 100 l/min und maximaler Förderhöhe von 4,50 mWs nur noch eine Förderhöhe von etwa 1,10 mWs zur Verfügung steht. Soll das Wasser für einen Bachlauf dann noch 1 m hoch gefördert werden, werden nur noch ein paar Tropfen Wasser fließen. Man müsste folglich schon eine Pumpe mit deutlich größerer Förderhöhe verwenden, wenn das Wasser auch dort noch sprudeln soll. Wir müssen also den Reibungsverlust von der maximalen Förderhöhe abziehen, und nur der Rest ist dann die maximale Förderhöhe.
Es gibt aber noch eine andere Möglichkeit das Wasser fließen zu lassen: Man behält diese Pumpe, reduziert aber die Reibung in der Leitung, indem man einen größeren Schlauchdurchmesser wählt.
Bei einer Pumpe mit der gleichen Leistung, aber einem Leitungsdurchmesser von 32 mm (= $1\,^{1}/_{4}$") verringert sich der Leistungsabfall von 0,34 mWs auf 0,11 mWs; das bedeutet, auf 10 m haben wir nur einen Verlust von 1,1 mWs. Bei 1 m Förderhöhe werden dann laut Pumpenkennlinie noch annähernd 50 l/min fließen. Wird der Leitungsdurchmesser noch weiter auf 40 mm (= $1\,^{1}/_{2}$") erhöht, verringert sich der Reibungswiderstand nochmals, und zwar auf 0,03 mWs – das sind bei 10 m Leitung nur 0,30 mWs. 30 cm Reibungsverlust auf 10 m sind ein Wert, der vernachlässigt werden kann!
Hier haben wir bei einem Auslauf in 1 m Höhe noch 75 l/min.

Scharfe Winkel vermeiden

Und noch etwas: Vermeiden Sie scharfe 90-Grad-Winkel, die den Durchfluss erheblich bremsen. Mit einem Schlauch, der im Radius von 40 cm verlegt ist, haben Sie kaum Reibungsverluste.

Je größer der Leitungsdurchmesser ist, desto mehr Wasser kommt am Leitungsende heraus. Das heißt: Sparen Sie nicht am Schlauch und vermeiden Sie scharfe Winkel in der Leitung.

Springbrunnen, Fontänen & Sprudelsteine

Der dekorative Sprudelstein hat oben eine Mulde, deren Wasser den von unten kommenden Wasserstrahl bremst. Das Wasser plätschert dann über die Stufen zurück in den Behälter.

Die einfachste Form des Wasserspiels ist ein **Sprudler** in Form einer Pumpe, deren Druckstutzen etwas unter der Wasseroberfläche endet. Man stellt die Pumpe auf den Teichboden oder auf einen Stein, kaschiert sie mit ein paar großen Steinen, führt den Druckstutzen senkrecht zur Wasseroberfläche und lässt ihn etwas unter dem Wasserspiegel enden.

Wenn wir jetzt die Pumpe einschalten, nimmt der Wasserstrahl, der aus dem Rohr austritt, einen Teil des ihn umgebenden Wassers mit. Je tiefer der Druckstutzen unter dem Wasserspiegel endet, desto mehr Wasser nimmt er nach dem Prinzip einer Wasserstrahlpumpe seitlich mit und wird entsprechend gebremst, was die Höhe des Strahls reduziert, aber dessen Breite verstärkt. Verringert man dagegen den Abstand zwischen Rohrende und Wasseroberfläche, wird weniger Wasser mitgenommen – der Strahl wird weniger gebremst und dadurch schmäler und höher.

Einen Nachteil hat diese Art von Sprudlern: Sie sind abhängig vom jeweiligen Wasserstand. Wenn das Wasser im Teich langsam verdunstet, der Wasserstand sinkt und dadurch über dem Ende des Druckstutzens immer weniger Wasser steht, wird der Sprudelstrahl mit dem fallenden Wasserpegel immer höher und schmäler.

Sprudeln ohne viel Aufwand: Je tiefer der Druckstutzen einer Pumpe unter dem Wasserspiegel endet, desto flacher und breiter wird der Sprudelstrahl. Der Strahl variiert je nach Wasserstand.

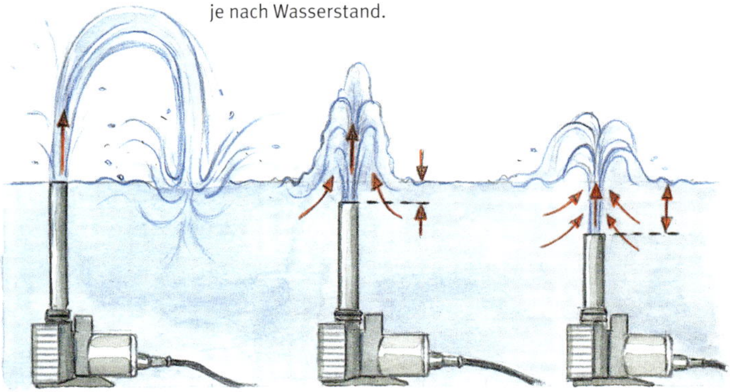

Sprudelsteine

Ein schön geformter und/oder interessant gezeichneter Sprudelstein ist stets eine Zierde des

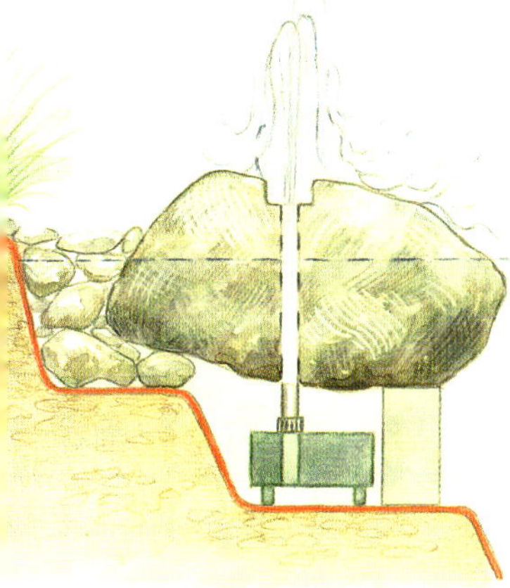

Durch einen vertieften Quellhof kann man beim Sprudelstein auf eine geräuschvolle Düse verzichten.

Gartenteichs oder markiert dekorativ den Beginn eines Bachlaufes. Außerdem kann man mit ihm einen immer gleichmäßigen Sprudelstrahl erreichen, ohne eine Schaumsprudlerdüse zu benötigen, die auf einem Stein doch etwas deplatziert wirken würde.

Unter einem Sprudelstein versteht man einen Stein, der von unten bis oben durchbohrt ist und in den man einfach von unten einen Schlauch hindurch führt. Dann reduziert man den Druck der Pumpe so weit, dass es keinen spritzenden Strahl mehr ergibt, sondern das Wasser leicht bewegt über den Stein herabplätschert.

Die Wassermenge steuern

Soll über den Sprudelstein ein Bachlauf gespeist werden, reicht diese verringerte Wassermenge allerdings meistens nicht. Mit einem einfachen Trick lässt sich aber auch hier ein wasserreicher Sprudelstrahl erreichen: Man arbeitet um den oberen Wasseraustritt am Stein einen auf 10–12 cm Durchmesser erweiterten und bis 8 cm vertieften Auslauftopf heraus. Dieser Auslauftopf füllt sich beim Einschalten der Pumpe mit Wasser und bremst den Strahl – so wie bei der Pumpe, deren Druckstutzen unterhalb des Wasserspiegels endet und dort seitlich das Wasser mitreißt. Wird der Sprudelstrahl zu niedrig, schiebt man das Rohr- oder Schlauchende einfach etwas höher in den Auslauftopf, und es wird etwas weniger Wasser mitgerissen. Die Folge: Der Strahl wird höher und bleibt, solange nichts verändert wird, auch immer gleich hoch. Nun kann es natürlich sein, dass die Bohrung im Stein vom Durchmesser her noch immer nicht groß genug ist, um die für den Bachlauf benötigte Wassermenge durchzulassen. Um trotzdem ausreichend Wasser zu bekommen, setzen wir unter dem Stein ein **T-Stück** ein, eventuell mit einer Reduzierung oder einem

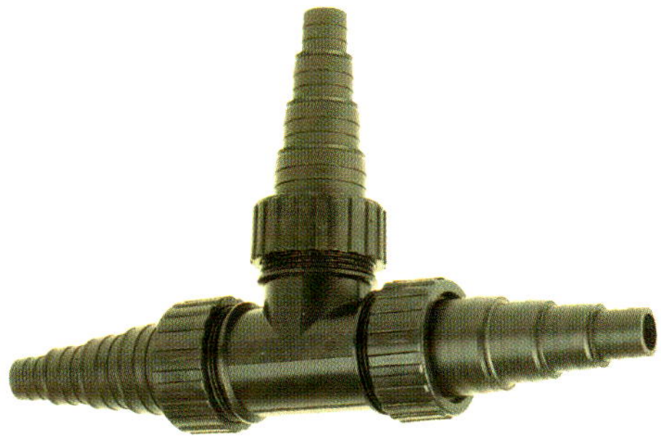

Mit diesem T-Stück lassen sich auch Spiralschläuche bis 40 mm Durchmesser ohne Druckregelung verbinden.

Absperrhahn ein, und damit können wir dann so viel Wasser abzweigen, dass der Sprudelstrahl auf dem Stein ordentlich läuft und der Rest des Wassers direkt dem Bachlauf zugeführt wird.

Bei gutem Wasserdruck empfiehlt sich die Regulierung des Sprudelstrahls, denn durch Aufdrehen oder Zudrehen lässt sich die Höhe des Sprudels regulieren. Das überschüssige Wasser läuft dann direkt dem Bachlauf zu.

Der Y-Verteiler bietet die Möglichkeit, bei zwei Spiralschläuchen den Druck individuell zu regeln.

Im Allgemeinen gibt es zu jedem Pumpenaufsatz eine Tabelle, in der Höhe und Durchmesser der Fontäne in Abhängigkeit zur maximalen Förderhöhe der Pumpe angegeben sind.

Reicht der Druck nicht aus, um beide Abzweigungen ausreichend mit Wasser zu versorgen und der Sprudelstrahl wird nicht hoch genug, drosseln wir im Abzweig **(Y-Verteiler)** die Speisung des Bachlaufes so weit, bis wir die gewünschte Höhe des Sprudelstrals erreichen. Im gut sortierten Handel finden Sie entsprechende Zwischenstücke mit oder ohne regulierbarem Abgang. Sie werden am Ende des Schlauches unter dem Sprudelstein montiert.

Bei der Auswahl der Pumpenaufsätze sollten auch die Einschränkungen bedacht werden. Fontänen brauchen große Flächen, Wasserglocke und Trichter reagieren auf jede Windbewegung, Schaumsprudler (unten links) sind oft sehr laut.

Pumpenaufsätze für Wasserglocken, Fontänen & Co.

Ein dekorativer Sprudelstrahl lässt sich natürlich auch mit einem Aufsatz auf Pumpe oder Rohrende erreichen. So gibt es die **Schaumsprudler,** die den Vorteil haben, dass sie auch mit geringeren Wassermengen, also auch mit schwächeren Pumpen noch wirkungsvolle Sprudelfontänen erzeugen. Die Erklärung: Der durchlaufende Wasserstrahl wird in der Sprudlerdüse so gelenkt, dass er viel Luft in kleinen Bläschen mitreißt und so dem Strahl bedeutend mehr Volumen gibt.

Diese Sprudler haben allerdings einen großen Nachteil: Man hört nicht nur das beruhigende Plätschern des fallenden Wassers, sondern leider auch das zischende Beimischen der Luft. Deshalb ist diese Düse besser für die öffentliche Anlage als für den eigenen Garten geeignet.

Außer dem Schaumsprudler gibt es im Handel noch viele weitere Pumpenaufsätze, die je nach Pumpenleistung entsprechende Höhen oder Breiten haben und **Fächer** oder vielstrahlige **Fontänen** bilden. Bei kleineren bis mittlere Pumpen bietet sich die **Wasserglocke** an, die mittels einer runden Prallfläche auf 30–90 cm hohem Steigrohr eine gleichmäßige Glocke aus einem dünnen Wasserfilm bildet.

Zu allen Pumpen und Aufsätzen gibt es passende **Verlängerungen,** die entweder feste Längen haben oder auch durch eine Teleskopverlängerung auf passende Höhe eingestellt werden können. Bis auf die Wasserglocke und – bei entsprechender Einstellung – den Schaumsprudler, sind alle Aufsätze mehr oder weniger stark spritzend und müssen so platziert werden, dass kein Wasserverlust dadurch entsteht, dass Wasser außerhalb der Kapillarsperre auf den Boden trifft.

Des Weiteren ist zu beachten, dass die Blattoberseiten von Seerosen nicht dauernd nass werden, denn dadurch können die Blätter und eventuell sogar die ganze Pflanze absterben. Kurzzeitige Benetzungen werden von Seerosen jedoch ohne Probleme vertragen.

Ein plätschernder Bachlauf lässt uns die unangenehmen Straßengeräusche vergessen. Bei der Auswahl der Pumpe müssen wir auf die Förderhöhe und die entsprechende Fördermenge achten.

Bachläufe

Die reizvollste Wasserbewegung neben Springbrunnen ist wohl ein Bachlauf. Wenn fließendes Wasser plätschernd über Steine läuft, wenn das Wasser, durch einen Höhenunterschied bedingt, über einen Felsen stürzt und man es nicht nur fließen sieht, sondern die Wasserbewegung auch hörbar wird.

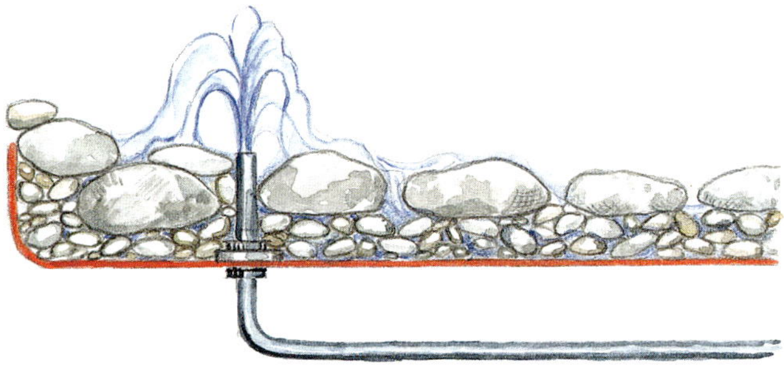

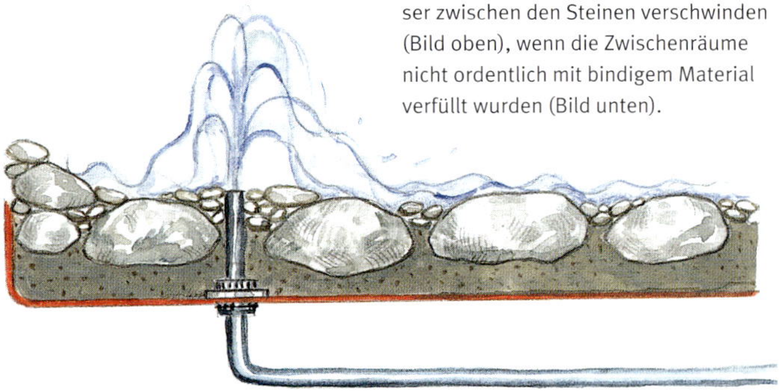

Beim Bau von Bachläufen kann das Wasser zwischen den Steinen verschwinden (Bild oben), wenn die Zwischenräume nicht ordentlich mit bindigem Material verfüllt wurden (Bild unten).

Der oberflächig abfließende Bachlauf

Häufig werden in den Gärten die Bäche so angelegt, dass deren Wasser mit mehr oder weniger starkem Gefälle über kleine und größere Steine hinabläuft. Eine Wirkung entsteht aber nur, wenn das Gefälle ausreichend ist. Um einen möglichst großen Effekt zu erzielen, sollten oberflächige Bachläufe mit geringerem Gefälle deshalb in wenigen Stufen mit einem Gefälle von wenigstens 20 cm je laufenden Meter angelegt werden. Je stärker das Gefälle, desto schneller fließt das Wasser.

Beim Bau eines solchen Bachlaufs muss man aber beachten, dass Wasser die natürliche Eigenschaft hat, an der tiefsten Stelle des Bachbetts zu fließen. Wenn wir beim Bau des Baches unsere Steine im Bachbett nur auf die Folie legen, dann wird das Wasser zwischen den Steinen und nicht darüber fließen. Wir müssen also alle Zwischenräume zwischen den Steinen füllen, damit das Wasser gezwungen wird, über die Steine zu laufen.

Wer sicher ist, dass er seinen Bachlauf nicht mehr ändern wird, der bringt am einfachsten einen mageren Zementmörtel auf die Folie auf und verlegt darin seine Steine und Platten so, dass das Wasser keine Möglichkeit mehr findet, unter den Steinen zu verschwinden. Damit kein Wasser verloren geht, müssen Platten und Steine seitlich mehr oder weniger stark ansteigen. Auch die Kapillarsperre muss, um Wasserverluste zu vermeiden, hinter diesen Steinen so hoch gezogen werden, dass sie deutlich über den Wasserspiegel reicht. Schon ein geringer, für uns kaum wahrnehmbarer Wasserverlust kann dazu führen, dass unser Teich oder Bach plötzlich leer ist.

Wer sich die Möglichkeit einer Veränderung offen halten will, kann seine Platten und Steine auch in bindigen Lehm oder feinen Kies verlegen, die sich jederzeit wieder entfernen lassen. Wichtig: Nach dem Verlegen der Steine in die Zwischenräume zwischen den Steinen sandhaltigen Kies in den frischen Mörtel oder den Lehm einreiben. Beim Mörtel verschwinden dadurch die hässlichen Mörtelfugen, und beim Lehm dient es dazu, dass er nicht vom fließenden Wasser ausgewaschen wird. Beim feinen Kiesbett ist dies natürlich nicht nötig; hier müssen wir eher dafür sorgen, dass der feine Sand im Kies nicht ausgeschwemmt wird.

Ein Bachlauf dieser Art zeigt eine rege Wasserbewegung, bringt bei stufenartiger Anordnung von Steinen oder Platten ein sicht- und hörbares Plätschern und benötigt bei Breiten von 40–50 cm auch nur eine Pumpe mit einer Leistung von 50 bis 70 l/min am Bachbeginn.

Bachlauf bei abgeschalteter Pumpe

Einen Nachteil haben diese Bachläufe jedoch: Wird die Pumpe abgeschaltet, läuft das Bachbett leer. Eventuell eingebrachte Pflanzen stehen schon nach kurzer Zeit trocken. Das heißt, dass eine dauerhafte Bepflanzung nur außerhalb des Bachbetts und der Kapillarsperre möglich ist, es sei denn, die Pumpe läuft im Dauerbetrieb, dann können wir auch hier eine Bepflanzung durchführen.

Wird aber die Pumpe beispielsweise nur abends zum Feierabend für ein paar Stunden eingeschaltet, bedeutet das, dass die Pflanzen den ganzen Tag ohne Wasserversorgung ständen und besonders im Sommer vertrocknen könnten. Eine Pflanzung kann dann nur außerhalb der Kapillarsperre erfolgen, und in diesem Bereich können wir auch nicht die typischen Uferpflanzen verwenden, sondern müssen uns mehr auf Gartenstauden verlegen, unter denen es aber auch eine breite Palette an Pflanzen gibt, die den Charakter des Bachlaufs unterstreichen.

Ein wichtiger Hinweis, der auch für den Teichbau gilt: Als Baumaterial für Bachlauf, Staumauern oder Uferzonen sollte kein kalkhaltiges Material verwendet werden, denn das ist oft der Grund für ein starkes Algenwachstum in Teich und Bachlauf.

Das wasserhaltende Bachbett

Wasserhaltende Bachläufe sind eine alternative Möglichkeit, ein Bachbett anzulegen – und man kann damit auch größere Strecken mit geringem oder auch sehr starkem Gefälle überbrücken. Das Grundprinzip eines wasserhaltenden Bachs ist immer, das Wasser anzustauen und dann über einen Überlauf weiterfließen zu lassen. Das kann bei nur 5 cm Gefälle eben nur ein kleiner Wasserfall von 5 cm Höhe sein. Bei sehr großen Höhen dagegen sind der Fall-

Steine, über die das Wasser fallen soll, müssen absolut waagerecht verlegt sein. Wenn damit keine Staustufe gebildet wird, lassen sich die Ufer kaum bepflanzen.

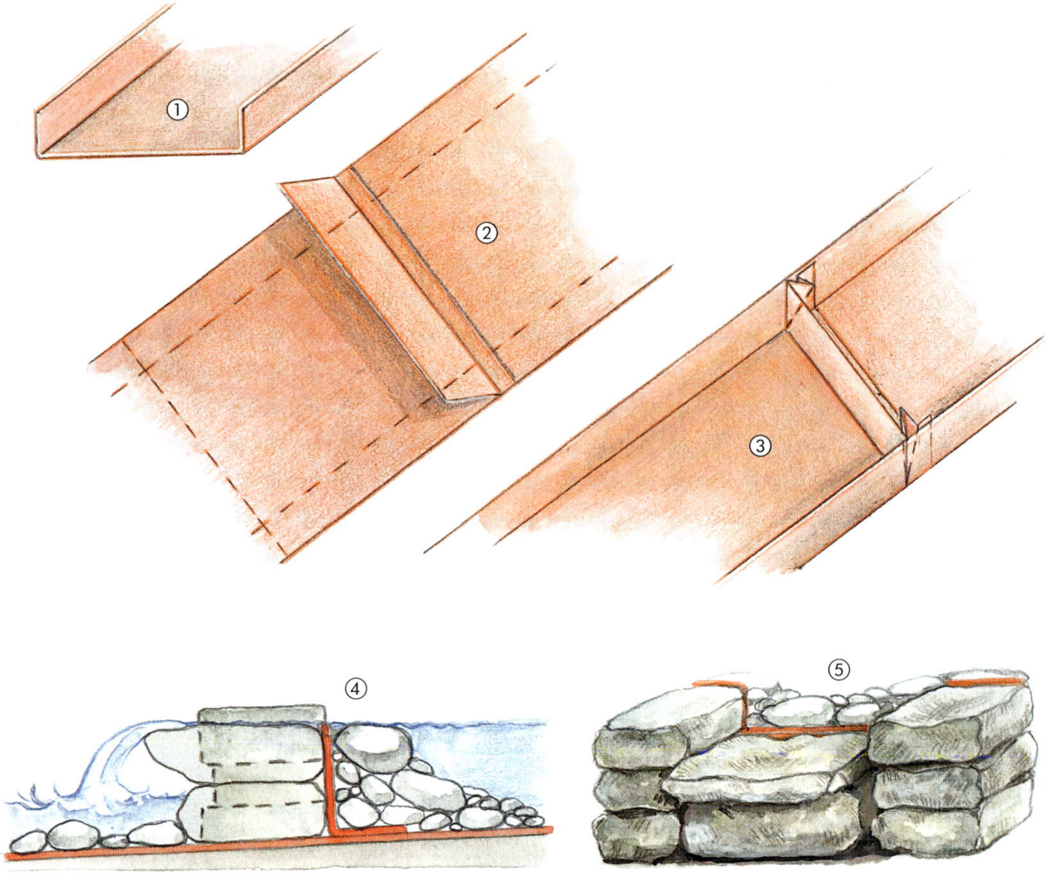

Anlegen eines Bachlaufs mit einer Staustufe. ① Aushub für eine Folienbreite von 2 m. ② Einkleben einer Folie in voller Breite. ③ Einbau der Bachbettfolie für eine Staumauer. ④ Errichten der Staumauer und Fixieren der Folie durch eine Steinschüttung. ⑤ Ansicht der Staumauer mit Ufergestaltung

höhe nur durch die Pumpenleistung Grenzen gesetzt. Man muss in diesem Fall also lediglich daran denken, dass bei einem hohen Fall viel Spritzwasser entsteht – das so aufgefangen werden muss, dass es dem Kreislauf nicht verloren geht. Wird dies nicht beachtet, kann der Gartenteich sehr schnell sein Wasser verlieren. Deshalb sind mehrere niedrige Staustufen in der Regel vorteilhafter als wenige hohe, zumal hohe Wasserfälle entsprechende Geräusche machen, die von empfindlichen Ohren auch als Lärm empfunden werden könnten.

Bau eines wasserhaltenden Bachlaufs

Der Bau eines Bachlaufs richtet sich zunächst nach der **Breite**

der Folienbahn, die uns zur Verfügung steht. Diese sollte bei etwa 150 cm beginnen, doch eine Bahn mit 200 cm ist für einen gut zu gestaltenden Bachlauf günstiger. Die Folienbreite bestimmt auch die Breite des Bachbetts, und je breiter dieses ist, desto bessere Gestaltungsmöglichkeiten haben wir.
Von der Folienbreite gehen zunächst die beiden Seitenwände des Bachs als Kapillarsperren ab. Bei flacheren Bächen genügen dazu oft 20 cm, bei Bächen mit stärkerem Gefälle müssen es schon 30 cm oder sogar mehr sein. Das bedeutet, bei einer 150 cm breiten Folie gehen bereits 60 cm für die seitliche Kapillarsperre weg und es verbleiben nur 90 cm für den eigentlichen Bachlauf, was uns sehr wenig Spielraum für die Gestaltung lässt. Bei 2,00 m Bahnbreite verbleiben dagegen 140 cm, und darunter sollten wir auch nicht gehen. Diese Breite erlaubt es uns, den Bachlauf in seiner Breite zwischen 40 und 90 cm zu variieren. So kann die Uferzone mal auf der einen Seite, mal auf der anderen bis zu 80 oder 90 cm breit werden, der Bachlauf sich auf 40 cm verengen und die andere Uferzone nur 20 oder 30 cm messen. Weiteres siehe Folien ab Seite 80.

Aushub

Für den Bachlauf heben wir das Bachbett kastenförmig in 140 cm Breite und bis 25 cm Tiefe aus. Tiefer soll man nicht gehen, damit wir immer noch 5 cm Sicherheit bei der Kapillarsperre haben. Bei der Grabentiefe richten wir uns immer nach dem Gefälle des Geländes und erreichen die größte Tiefe an der Staustufe. Für das Verlegen der Folienbahn hat es sich als sehr praktisch erwiesen, möglichst wenig kleine Bögen und dafür besser wenige Winkel einzuplanen. Kleinere Bögen lassen sich jederzeit im breiten Bachbett formen.
Ein so ausgehobenes Bachbett entspricht dem Bachbett mit oberflächigem Abfluss. Damit nun das Wasser nicht davonläuft, sondern sich auch anstauen lässt, muss eine Sperre eingebaut werden. Hierzu gibt es verschiedene Möglichkeiten.

Folienfalte als Staustufe

Bei der einen legt man mit der Folienbahn eine Falte von 20–23 cm Höhe und fixiert diese auf der Talseite trockenmauerartig mit Steinen oder Platten so, dass das Wasser gezwungen wird, in der Mitte über die Falte zu laufen. Zu den beiden Ufern hin muss die Falte über den Wasserspiegel ansteigen, damit kein Wasser hinter die Kapillarsperre läuft. Am besten löst man dieses Problem, indem man die Falte so fixiert, dass sie etwa 3 cm über den Überlauf hinausragt, dann legt man sie talwärts um und drückt sie mit zwei Steinen an den Seiten herunter. So kann das Wasser nur den Weg zwischen den beiden Steinen nehmen und muss über den vorderen Stein, der ein ganz leichtes Gefälle haben muss, in die nächste Stufe oder den Gartenteich ablaufen. Zur Sicherheit kann die Folie noch mit einem wasserfesten Kitt (Adheseal) auf dem Stein festgeklebt werden. Auf der Bergseite wird die Falte mit einer Steinpackung so fixiert, dass von der Folienfalte möglichst wenig zu sehen ist.
Beim Bau der einzelnen Staustufen beginnen wir immer von unten, denn jede Staumauer muss noch im Wasser stehen, da sonst das überlaufende Wasser direkt auf die Folie oder auf die Steine fallen und somit sehr stark spritzen würde. Erst wenn die Talseite des Überlaufs fertig ist, bilden wir die Falte als Sperre und machen weiter wie oben beschrieben. Um immer die richtige Höhe für die nächste Stufe zu bekommen, wird mit der Wasserwaage vom Überlauf bergwärts gewogen und dort,

Bach mit Stufe anlegen. ① Folie mit eingeschweißter Sperre verlegen. ② Sperre beidseitig fixieren. ③ Überstehende Sperrfolie am Überlauf abschneiden und mit Feinkies zureiben. ④ Bachbett gestalten und mit Kies verfüllen. ⑤ Ufer und Kapillarsperre mit Kies 32/60 mm abdecken, Wasserfluss kontrollieren. ⑥ Abschließend die Ufer beidseitig der Kapillarsperre bepflanzen.

wo noch 5–8 cm Luft unter der Latte sind, die nächste Stufe gebaut. So ist sichergestellt, dass das überfließende Wasser nicht direkt auf die Folie, sondern ins 8 cm tiefe Wasser trifft.

Sperre durch Einschweißen oder Einkleben einer quer gestellten Folie

Etwas leichter und weniger kniffelig ist eine zweite Möglichkeit: Man schweißt einen Folienstreifen von 50 cm Breite **quer in den Bachlauf** (bei PVC-Folien) oder klebt ihn ein. (Das Verkleben bei EPDM-, PE- oder PVC-Folien bzw. das Verschweißen von PVC-Folien wird im Folgenden »Verbinden« genannt.) Dieses Verbinden ist in den Ecken oft sehr schwierig, und die Verbindung wird dort meistens nicht ganz dicht. Da an diesen Stellen das angestaute Wasser also verloren geht, hat es sich bewährt, diese 50 cm breite Sperre zunächst über die gesamte Breite mit der Bachfolie, also auf die ganzen 2 m, zu verbinden. Dazu legen wir unter die Folie ein Brett quer über den ausgehobenen Bachlauf, legen darauf die Folie und verbinden den Folienstreifen so, dass die Verbindungsnaht bergauf und der freie Folienteil bergab liegt. Beim Verkleben der EPDM- oder PVC-Folien mit Adheseal sollte man mit der Weiterverarbeitung so lange warten, bis das Adheseal ausgehärtet ist. Das geht bei sehr warmem Wetter oft in 10 Minuten, kann aber bei kühler Witterung auch zwei, drei oder mehr Stunden dauern. Wird PVC mit Heißluft verschweißt, kann zügig weitergearbeitet werden.

Danach wird die Folienbahn wieder in das Bachbett zurückgelegt und der freie Teil der Foliensperre senkrecht gestellt. Die entstehenden Falten im Winkel zwischen Boden und Seitenwand werden so angeordnet, dass der Rand der Folie nirgends unter den Wasserspiegel gerät. Anschließend baut man auf der Talseite der Sperre ein paar Steine oder eine Trockenmauer als Staustufe. In deren Mitte legt man einen größeren, möglichst flachen Stein oder eine dickere Platte als Überlauf. Dieser Überlauf sollte talwärts etwas Gefälle haben und ein paar Zentimeter nach vorn überstehen, damit das Wasser gezwungen wird, frei zu fallen und nicht an der Mauer herunterzulaufen. Rechts und links des Überlaufs müssen die Steine leicht ansteigen, damit das Wasser durch diese Vertiefung geführt wird.

Nun fixieren wir bergseits die Sperre mit Steinen, die ihrerseits nach rechts und links ansteigen. Erst wenn dies fertig ist, wird die Folie abgeschnitten. Das kann man so machen wie bei der Falte, dass man also die Folie etwa 2 cm über dem Überlaufstein abschneidet, sie dann talwärts umbiegt, mit Steinen festlegt und mit Adheseal festklebt. Man kann aber auch die Folie bis auf die Höhe des Überlaufsteins abschneiden und sie an diesem Stein mit Adheseal festkleben. Dann ist die Foliensperre weniger auffällig, weil man nur deren schmale Oberkante sieht.

Das alles geht leichter als das vorher beschriebene Falten, denn die einfache Folie lässt sich besser an die Steine anpassen und andrücken. Abschließend werden alle Zwischenräume zwischen den Steinen mit einem feinen Sand-Kies-Gemisch erst trocken und dann nass bei laufendem Wasser so lange eingerieben, bis alle Fugen und Leerräume gefüllt sind (Handschuh

Ein Bachlauf mit Staustufen, die eine üppige Uferbepflanzung erlauben. Besser noch sollte man zur Bachmitte hin niedrigere Pflanzen verwenden, damit man das Wasser deutlicher wahrnimmt.

oder Bürste nehmen). Staustufen nach obiger Art halten über Jahre dicht.

Sperre durch Einkleben einer zweiten Folienbahn

Diese Art von Sperre lässt sich auch auf andere Art errichten. Man führt, wieder von unten kommend, die Folie unter der zukünftigen Sperrmauer durch und schneidet sie, bevor die Sperrmauer gesetzt ist, etwa 30 cm oberhalb ab und zieht den abgeschnitten Teil der Bachfolie so weit herunter, dass sie senkrecht stehend etwas über die geplante Staumauer ragt, schlägt sie dann aber soweit zurück, dass diese Bahn in ganzer Breite mit der Bahn, die von unten kommt, verbunden werden kann. Dabei kann es gelegentlich Schwierigkeiten mit den Ecken geben. Die beiden Bahnen müssen aber wasserdicht verbunden werden! Es genügt nicht, wenn man sie einfach übereinander legt, da das kräftigen Wasserverlust durch Kapillarität zur Folge hat. Anschließend baut man die Staumauer und lehnt die Folie an die Mauer an und fixiert sie wieder wie oben beschrieben.

Bei sehr instabilen Böden oder bei höheren – über 30 cm – und schmalen Sperrmauern kann es vorteilhaft sein, unter der Folie eine leichte Gründung aus Feinschotter oder Splitt einzubringen, die mit 2 cm Sand abgedeckt wird. Je nach Geschick kann man die Staumauer auch als Trockenmauer, als Trockenmauer mit Hinterbeton oder als gemörtelte Natursteinmauer ausführen.

Weniger zu empfehlende Möglichkeiten für eine Sperre

Von Laien wird noch eine andere Art von Staustufen praktiziert, die aber gewisse Nachteile hat: Sie setzen einige Steine einfach in Zementmörtel auf die Folie. In die Mitte einen niedrigen und seitlich davon ein paar höhere. Da sich dieser Mörtel nicht mit der darunter liegenden Folie verbindet, mag das anfangs zwar noch einigermaßen dicht sein, aber spätestens nach dem ersten Winter sickert das Wasser unter dem Mörtel durch. Nach dem Abschalten der Pumpe dauert es daher nicht allzu lang, dann ist die Staustufe leer gelaufen.

Ein Landschaftsgärtner hat einmal behauptet, es könnte statt des Mörtels auch PU-Montageschaum genommen werden. Ein Versuch nach dieser Methode in einem Kundengarten ging leider völlig daneben – noch lange nach dem Schäumen trat aus den Zwischenräumen der Steine der sich ausdehnende Schaum hervor. Es war ein kostspieliger Versuch, da weder die Folie noch die Steine wiederverwendet werden konnten. Aber für einen geschickten Handwerker oder Bastler kann dies eine Möglichkeit sein, da sich der Schaum sehr gut mit der Folie und den Steinen verbindet. Aber der Autor kann für diese Methode keine Haftung übernehmen!

Bachlauf aus Fertig-Elementen

Wer sich für den bequemen Bau von Bachläufen entscheidet,

Bachläufe aus Fertigelementen in Steindekor sind leicht einzubauen.

kann natürlich auch auf von der Industrie vorgefertigten Bachlaufelemente zurückgreifen, die im Fachhandel angeboten werden. Doch diese Bachlaufschalen sind nicht alle gleich gut. Viele eignen sich nur, um »oberflächlich abfließende« Bachläufe zu bauen, und sind mit ihren Seitenwänden so niedrig, dass man das Wasser auch künstlich weder mit einer eingeklebten Platte noch mit einem eingeklebten Stein anstauen kann. Ein bekannter Hersteller von Gartenteichpumpen und -zubehör produziert jedoch Bachlaufschalen, die so geformt sind, dass auch nach dem Abschalten der Pumpe im Bachlauf immer wenigstens 2 cm Wasser stehen bleiben und eingebaute Filterelemente oder kleine Pflanzeninseln somit nicht austrocknen.

Steuerung der Fließgeschwindigkeit durch die Ufergestaltung

Um eine optimale Ufergestaltung zu erreichen, müssen wir uns vorab kurz mit der Fließgeschwindigkeit von Bachläufen und Wasserfällen befassen. Dazu sind unsere Vorstellungskraft und etwas Kopfrechen gefordert: Wenn wir von einem Bachlauf mit einem ausgehobenen Bachbett von 140 cm Breite ausgehen, kann die optimale Breite der Wasserfläche bis zu 100 cm betragen. Dann bleiben auf beiden Seiten noch 20 cm, um die Kapillarsperre mit großen Steinen, Kies und Pflanzen zu verdecken. Bei dieser Breite und einer möglichen Tiefe von 20 cm ergibt sich ein Querschnitt von 20 x 100 cm. Dies entspricht wiederum bei 1 m Bachlauflänge genau 200 Liter.

Haben wir nun eine Pumpe, die dem Bachlauf 100 l/min. zuführt, dann wird sich das Wasser in dieser Minute 50 cm weiterbewegen. Dies ist weniger als 1 cm in der Sekunde und damit praktisch gar nicht wahrnehmbar. Verengen wir jetzt das Bachbett auf 50 cm Breite und reduzieren die Tiefe auf 10 cm, haben wir je Meter nur noch 50 Liter Inhalt oder erst bei 2 m die 100 Liter.

Dies bedeutet: Bei 100 l/min Pumpenleistung wird das Wasser pro Minute 2 m oder in der Sekunde 3,3 cm, also schon sichtbar fließen. Die Reduzierung des Querschnitts auf ein Viertel hat also die Strömung auf das Vierfache erhöht. Eine weitere Viertelung erreichen wir, indem wir den Bachlauf durch Steine oder Platten auf 2,5 cm Wasserhöhe bei 50 cm Breite verengen, was eine Erhöhung der Fließgeschwindigkeit auf etwa 13 cm/sec bedeutet. Verengen Sie jetzt das Bachbett noch weiter, indem Sie einen 25 cm breiten Stein in die Mitte hineinlegen, muss das Wasser

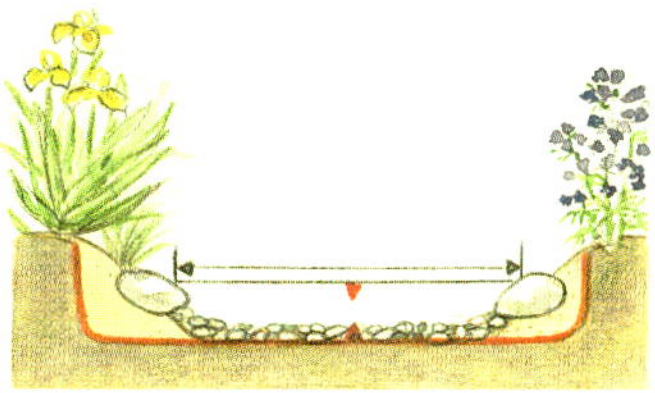

Bei einem Bachquerschnitt von 100 cm Breite und 10 cm Tiefe bewegt eine Pumpe mit 100 l/min das Wasser in der Minute 1 m weiter, also 1,6 cm pro Sekunde.

Bei einer Wasserhöhe von nur 5 cm und gleicher Breite und gleicher Pumpe erhöht sich die Fließgeschwindigkeit deutlich auf 3,3 cm/Sekunde.

Wird bei 5 cm Wasserhöhe die Bachbreite auf 50 cm halbiert, verdoppelt sich die Fließgeschwindigkeit noch einmal auf 6,6 cm/Sekunde.

Die oben durch die Einengung an der Staustufe erzielte hohe Fließgeschwindigkeit beruhigt sich sofort, wenn der Bach wieder breiter und tiefer wird.

Die **Formel zur Berechnung der Fließgeschwindigkeit** in Meter pro Minute (m/min) ergibt sich aus der Pumpenleistung (Q) geteilt durch Höhe mal Breite in cm geteilt durch 10:
Q : (Hcm x Bcm : 10) = Fließgeschwindigkeit in m/min.
Das wiederum geteilt durch 60 ergibt die Fließgeschwindigkeit in Meter pro Sekunde (m/sec):
100 : (2,5 x 25 : 10) = 16 m/min, das geteilt durch 60 = 0,26 m/sec.

mit einer Fließgeschwindigkeit von 26 cm/sec um den Stein herumschießen, da der Querschnitt noch einmal halbiert wurde.

Bachlaufgestaltung mit Verengungen und Verbreiterungen

Verengungen und Verbreiterungen sind wichtige Gestaltungselemente und werden mit größeren und kleineren Steinen in Verbindung mit Kies oder Splitt hergestellt.

Um Bewegung in den Bachlauf zu bekommen, formen wir mit größeren Steinen zunächst den Uferverlauf. Wir können auf jeder Seite Uferbreiten zwischen 20 und 80 cm formen. Bei einer Bachbreite von 40 cm und 70 cm Uferzone bleiben uns auf dem anderen Ufer noch 30 cm bis zur Kapillarsperre.
Sobald der Bachlauf mit den Steinen in seiner Form festgelegt ist, wird der Raum zwischen der Steinreihe und der Kapillarsperre mit kalkfreiem Kies (0/8 oder 0/16 mm) oder Splitt (4/8 mm) aufgefüllt. Dann können Sumpfdotterblumen, Trollblumen, Rosen-, Etagen- und Glockenprimel, amerikanische und asiatische Sumpf-Schwertlilien und kleiner Froschlöffel gepflanzt werden. Beschränken Sie sich dabei nicht allein auf die Uferzone, sondern setzen Sie die Pflanzung auch außerhalb der Kapillarsperre fort. Damit wird der Bachlauf besser in die Gartenlandschaft eingebunden. Nach der Pflanzung wird alles mit grobem, sandfreiem Kies (8/16/32 mm) abgedeckt. Dabei muss die Kapillarsperre mit abgedeckt werden, und dabei kann man stellenweise auch noch etwas weiter in die trockene Gartenzone hineingehen.

Tabelle zur Ermittlung des Wasserbedarfs für Wasserfälle*

Fallhöhe	Stauhöhe	Wasserfallbreite			
		25 cm	50 cm	75 cm	100 cm
25 cm	5 mm	30 l/min	60 l/min	90 l/min	120 l/min
50 cm	7,5 mm	45 l/min	90 l/min	135 l/min	180 l/min
75 cm	10 mm	60 l/min	120 l/min	180 l/min	240 l/min
100 cm	12,5 mm	75 l/min	150 l/min	225 l/min	300 l/min

* nach: Oase-Pumpen

Wasserfälle

Die Berechnung des Wasserbedarfs für einen Wasserfall ist etwas schwieriger als die Berechnung der Fließgeschwindigkeit eines Bachlaufs. Doch hier hat uns die Industrie die Arbeit abgenommen.
Was wir aus dieser Tabelle ersehen können, zeigt die erste Tabellenzeile: »Fallhöhe« ist die Höhe vom Überlauf bis zum Wasserspiegel. Über diese Höhe soll das Wasser in der Breite des Überlaufs nach unten fallen und nicht in einzelnen Bahnen zerreißen. Der Begriff »Stauhöhe« sagt aus, in welcher Stärke das Wasser über den Überlauf fließen muss, damit der Wasserfall nicht zerreißt. Daneben wiederum befinden sich die Angaben zur Breite des Wasserfalls. Das Ganze sagt uns, dass man beispielsweise für einen Wasserfall, dessen Wasser in einem geschlossenen Schleier 25 cm hinabfällt, so viel Wasser benötigt, dass es sich 5 mm hoch am Überlauf anstaut und in dieser Stärke auch darüberfließt. Bestimmend für die Wassermenge ist hierbei die Breite des Überlaufs. Bei 25 cm Breite brauchen wir eine Pumpenleistung am Auslauf von nur 30 l/min. Um einen geschlossenen Fall in der doppelten Breite zu erreichen, benötigen wir schon die doppelte Menge, also 60 l/min. Bei Fallhöhen von 50 cm (nächste Zeile), muss das Wasser um mit voller Breite den Wasserspiegel zu erreichen, schon in etwa 7,5 mm Stärke über den Überlauf fließen, was bei 25 cm Fallbreite 45 l/min und bei 100 cm Breite 180 l/min Pumpenleistung verlangt. Einige Hersteller geben anstelle der Pumpenleistung nur die am besten geeignete Pumpe an.

Für einen schönen Wasserfall muss die Pumpenleistung auf die Fallbreite und Fallhöhe abgestimmt sein.

auf einen blick

- Düsen für Wasserspiele können direkt auf die Pumpe aufgesetzt werden. Bei Sprudelsteinen mit einem Quellhof kann man die lauten Schaumsprudler vermeiden.
- Bachläufe, deren Wasser vollständig abläuft, eignen sich nicht zur Bepflanzung, wenn die Pumpe zeitweilig abgestellt wird.
- Bei Bachläufen mit Staustufen lässt sich durch Verengen und Verbreitern des Bachbetts die Fließgeschwindigkeit des Wassers beeinflussen. Bei abgestellter Pumpe bleibt das Wasser in den Stufen stehen.
- Bei Wasserfällen auf ausreichende Pumpenleistung achten.

Wasserklärung und Filtersysteme

Trübes Wasser erfreut keinen Teichbesitzer. Und wenn die Trübung länger als zwei Jahre andauert, dann stimmt etwas in der Teichbiologie nicht. Ursache kann ein zu hoher Nährstoffeintrag, zu nährstoffhaltiges Brunnenwasser oder auch ein zu hoher Fischbesatz sein. Beseitigen lässt sich dies durch eine Wasserklärung mit mechanischen und biologischen Komponenten.

Algen werden durch Kalk und Nährstoffe im Wasser gefördert. Daher keine Kalksteine verwenden. Nährstoffe lassen sich durch eine biologische Kläranlage abbauen.

Wirkungsweise mechanisch-biologischer Wasserklärung

Eine wirkungsvolle Wasserklärung umfasst mehrere Stufen. Sie beginnt mit dem Absetzen von groben Bestanteilen auf dem Grund des Gartenteichs in Form von einer dünnen Schicht aus Bodenmulm. Dort erfolgt bereits ein Abbau der organischen Substanz durch entsprechende Bakterien und Kleintiere. Dabei werden, wie bei jedem tierischen Verdauungsprozess, Nährstoffe wie Nitrite und Nitrate frei, die sich im Wasser lösen und verteilen. Deshalb sollen Seerosen und Unterwasserpflanzen immer so gepflanzt werden, dass sie in diesem Mulm wurzeln. Alle Nährstoffe, die nicht aufgenommen werden, wandern ins Wasser und sind unter anderen die Grundlage von Algenwachstum. Besonders die feinen, grünen Schwebealgen können sich gut davon ernähren, und so färbt sich das Wasser sehr schnell grün und wird undurchsichtig.

Diese feinen Algen lassen sich in groben Sand-, Kies- oder Torffiltern abfangen und werden dort von Bakterien abgebaut, mit der Wirkung, dass auch hier Nährstoffe freigesetzt werden. Wichtig für diesen Prozess ist eine gute Sauerstoffversorgung der Bakterien. Auf dem Boden des Gartenteichs ist sie gegeben, wenn die Schlammschicht nicht dicker als 1–2 cm ist.

Um die Sauerstoffversorgung zu garantieren, muss der Kies-/Sandfilter, ständig von Wasser durchströmt werden. Fällt die Pumpe aus und die Versorgung der Bakterien mit Sauerstoff wird unterbrochen, sterben die Bakterien sehr bald ab. Stattdessen bilden sich sehr schnell anaerobe Bakterien, die das nach faulen Eiern riechende Faulgas produzieren. Schaltet man dann die Pumpe wieder ein, wird erst das ganze faulige, übel riechende Wasser in den Teich gespült, bevor sich die guten Bakterien wieder ansiedeln können und die organischen Substanzen geruchsfrei abgebaut werden.

Je nach Größe des Gartenteichs kann es einige Tage dauern, bis das Teichwasser wieder geruchsfrei ist.

◀ Ein Ufer wird hier zur Klärzone. Die Pumpe im Sammelschacht vorne fördert das geklärte Wasser wieder in den Teich zurück.

Pflanzen-Kläranlagen

Eine Pflanzenkläranlage als Uferzone, gestaltet mit einem Sprudelstein. Die Pumpe fördert das Wasser, das durch den Kies und die Pflanzenwurzeln zurücksickern muss.

Wie schon oben gesagt, werden alle organischen Stoffe in der Natur durch Bakterien und Kleintiere abgebaut, wobei Nährstoffe frei werden. Da dies auch bei der Klärung des Teichwassers erfolgt, enthält das Wasser, welches in den Teich zurückläuft, auch entsprechend Nährstoffe. Diese Nährstoffe kann man dem Wasser entziehen, indem man es durch den Wurzelraum von Pflanzen leitet, die einen hohen Nährstoffbedarf haben.

Die einfachste Form einer solchen Pflanzen-Kläranlage besteht in einer breiten, etwa 20 cm flachen Uferzone, die bis 2–3 cm über dem Wasserspiegel mit grobem Kies (8/16 mm) abgedeckt ist und wo in Ufernähe ein Sprudler oder ein Sprudelstein das zu filternde Wasser abgibt. Die ganze Fläche wird mit Sumpf-Schwertlilie *(Iris pseudacorus)* und Sumpf-Simse *(Eleocharis palustris)* oder anderen so genannten Repositionspflanzen (siehe Kasten »Empfehlenswerte Arten für Pflanzen-Kläranlagen«) bepflanzt.

Bei eingeschalteter Pumpe muss das Teichwasser durch die bepflanzte Uferzone sickern und wird dort durch die Pflanzenwurzeln gereinigt und langsam von Nährstoffen befreit. Die Aufnahme von Nährstoffen erfolgt verhältnismäßig langsam, deshalb muss die Pumpe auch ständig laufen. Da aber schon eine 30-Watt-Pumpe mit 30 l/min in der Stunde 1800 Liter umwälzt, wird der Inhalt eines kleineren Teichs mehrmals am Tag durch den Pflanzenfilter geführt.

Die erste Stufe eines Bachlaufs lässt sich ebenso als Pflanzen-Kläranlage einrichten wie ein gesondertes Klärbeet, das neben dem Teich angelegt wird und bei größeren Anlagen als Biotop gestaltet werden kann.

Empfehlenswerte Arten für Pflanzen-Kläranlagen

Art	Pflege
Sumpfsimse *(Eleocharis palustris)*	Bindet Phosphate! Bildet geschlossene Bestände, gelegentlich zurückschneiden
Wasserschwaden *(Glyceria maxima)*	Nach der Blüte und im Hebst zurückschneiden und kompostieren
Sumpf-Schwertlilie *(Iris pseudacorus)*	Pflanzen sofort nach der Blüte zurückschneiden und kompostieren
Schilf *(Phragmites australis)*	Stark wachsend, nur für größere Anlagen; Rückschnitt im Herbst.
Igelkolben *(Sparganium*-Arten)	Öfter zurückschneiden und die Blätter kompostieren

Schilf-Kläranlage

Bei starker Verschmutzung des Wassers kann man auch eine flache Rinne 140 cm breit und 30 cm tief mit leichtem Gefälle und mit zwei bis drei Stufen wie bei einem Bachlauf anlegen. Zur Wasserklärung werden in jede der Stufen einfach einige Triebe gewöhnliches Schilf *(Phragmites australis)* gelegt. Fließt das Schmutzwasser dann zwischen den Wurzeln hindurch, bildet sich sehr schnell ein Teppich aus Wurzelfilz, der die Schmutzteilchen festhält und auch die Nährstoffe aufnimmt. Durch die Entwicklung des Schilfs wächst das Wurzelpolster langsam in die Höhe. Wenn das Polster den Rand der Rinne erreicht hat, und die Gefahr besteht, dass Wasser überlaufen könnte, muss es entfernt werden. Um aber eine gewisse Kontinuität in der Klärung zu behalten, sollte immer nur eine Stufe ausgeräumt werden, und erst wenn die dann wieder richtig arbeitet, wird die zweite Stufe erneuert. Alternativ gibt es auch bei großen Anlagen die Möglichkeit, zwei Schilf-Klärbecken nebeneinander zu betreiben. Während das eine Becken voll im Betrieb ist, wird das andere stillgelegt, ablaufen gelassen und ausgeräumt. Bei Bedarf wird es neu bepflanzt und langsam wieder angefahren.

Und die Reinigungswirkung von Schif geht noch weiter: Bei Klärversuchen hat sich herausgestellt, dass mit Keimen verseuchtes Wasser nach dem Durchgang durch Schilfwurzeln praktisch keimfrei wurde. Andererseits stellt Schilf mit seinen extrem harten Triebspitzen eine gewisse Gefahr für Teichfolien dar, die entweder geschützt oder durch ein anderes, widerstandsfähigeres Material, zum Beispiel PE-Becken, ersetzt werden müssen.

Wurzelklärung

Als letzte Möglichkeit der biologischen Pflanzenklärung sei die Wurzelklärung erwähnt. Dabei stehen die Pflanzen, z.B. Sumpf-Schwertlilien, auf einem Gitterrost in Wasserspiegelhöhe und treiben ihre Wurzeln in das unter dem Rost sehr langsam strömende Wasser. Eine ähnliche Reinigung wird auch durch einige Schwimmpflanzen wie Wasserhyazinthe *(Eichhornia crassipes)* oder Wassersalat *(Pistia stratiotes)* erreicht. Diese sind bei uns zwar nicht winterhart, können hier also nur in den Sommermonaten verwendet werden, aber in wärmeren Gegenden werden sie ganzjährig zur Wasserklärung eingesetzt.

Auch Pflanzen-Kläranlagen bedürfen einer gewissen Pflege. Die organische Masse die sich im Klärbeet entwickelt, muss entfernt werden, bevor sie abstirbt, denn das abgestorbene Grün würde sonst wieder zu Nährstoffen abgebaut. Am besten entfernt man gelegentlich die grüne Blattmasse und kompostiert sie.

Ein Klärbeet in Betrieb. Die organische Masse muss regelmäßig abgeschnitten und kompostiert werden.

Mittel zur Wasserverbesserung

Zeolith

Zeolith ist ein extrem feinporiges Mineral, das in Lagerstätten abgebaut wird und sehr verschiedene Verwendungen hat. Die winzigen Poren bilden ein dichtes Netz, das es bei einem Kubikzentimeter schon auf mehrere Quadratmeter Oberfläche bringt. Besonders feine synthetische Zeolithe können pro Gramm mehr als 1000 m^2 Oberfläche haben, was von natürlich vorkommendem Zeolith nicht erreicht wird. Auf Grund dieser großen, feinporigen Oberfläche und seiner chemischen Zusammensetzung eignet Zeolith sich als Filtermaterial für Klärbeete und fertige Filtersets. Es ist ein guter Siedlungsraum für wasserreinigende Bakterien und nimmt unter anderem Phosphate und Nitrate auf.

Zeolith bindet die verschiedensten Nährstoffe wie Nitrite, Nitrate oder Phosphate durch seine enorm große Oberfläche aus feinen Kanälen im Inneren.

Zeolith wird im Teichbereich als Filtermaterial eingesetzt. Man stellt es in Körben in das Wasser oder lässt es vom Wasser durchströmen. Auch in feinen Netzen kann man es ins Wasser oder wie einen Stein in einen Bachlauf legen. Wenn dann die Aufnahmekapazität erschöpft ist, was u. a. am erneuten Auftreten von Algen zu erkennen ist, kann man dieses Material zur Abdeckung von Pflanzungen nehmen oder als eine Substratkomponente bei Container- und Kübelerden, da ja in ihm reichlich Dünger gespeichert ist.

Andere Mittel zur Wasserverbesserung

Da neben Stickstoff auch Phosphor das Algenwachstum fördert, kann auch die Bindung von Phosphaten zu einer Wasserklärung beitragen. Entsprechende Präparate sind im guten Fachhandel zu bekommen und müssen, um gut zu wirken entsprechend der Gebrauchsanweisung eingesetzt werden. Diese **Phosphatbinder** werden im Strömungsbereich des Teichwassers entweder im, vor oder nach dem Filter oder in Bachläufen untergebracht, damit eine optimale Wirkung erreicht wird. Nach etwa zwei Monaten ist das

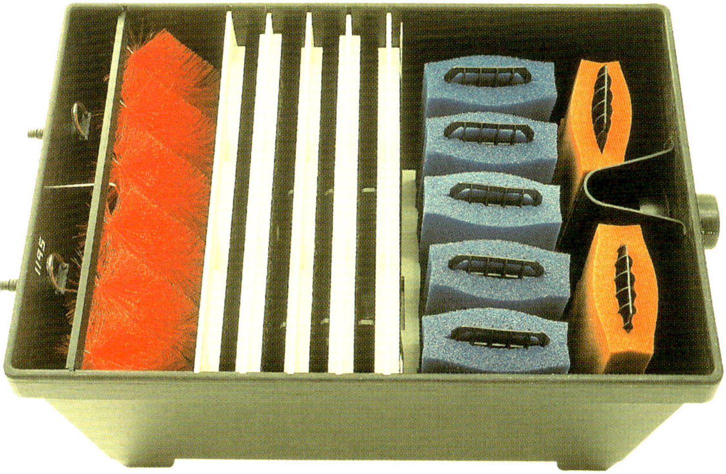

Hier der Aufbau eines Komplettfilters mit sehr langen Standzeiten für Teiche bis zu 130 m³ Größe ohne bzw. bis 65 m³ Größe mit starkem Fischbesatz.

Bindungsvermögen des Materials erschöpft und es sollte, wenn nötig ausgetauscht werden. Das verbrauchte Material kann, ebenso wie verbrauchtes Zeolith zur Düngung in Blumen- und Pflanzerden verwendet werden.
Phosphatbinder sollten wir nur einsetzen, wenn uns dies nach einer entsprechenden Wasseranalyse empfohlen wird. Entsprechende Tests sind im Handel erhältlich, nur sollten wir darauf achten, dass auch die Phosphate erfasst werden, denn die meisten Wassertests messen nur die Wasserhärten und die Nitroverbindungen.

Fertige Filter

Die meisten Hobbygärtner, die einen Teich anlegen, gehen davon aus, dass alles in Ordnung ist, sobald Seerosen und die Uferstauden gepflanzt sind und die Fische im Wasser schwimmen. Doch schon nach wenigen Tagen wird das Wasser trüb und will und will nicht mehr klar werden. Erst dann denken wir an eine Wasserklärung und überlegen das Wie.
Gerade in fertigen und kleinen Gärten ist es allerdings kaum möglich, nachträglich noch eine Pflanzen-Kläranlage anzulegen. Doch die Industrie hat diese Probleme der Teichbesitzer erkannt und sehr gute Filteranlagen entwickelt. Alle diese Anlagen arbeiten biologisch, das heißt mit Bakterienkulturen, die sich in den Filtern entwickeln. Damit die Besiedlung der Filter besonders schnell vonstatten geht, liefern einige Hersteller für ihre Filter sogar ein »Starterkid« mit den wichtigsten Bakterienstämmen.

Wie funktionieren Fertigfilter?

Alle Filter werden durch Pumpen gespeist, deren Wasser ohne Druck den Filter durchfließt. Einfache Filter für kleinere Gartenteiche bestehen aus zwei bis drei Kammern. In der ersten Kammer werden die gröberen Schmutzteilchen über einen groben Schwamm oder gitterartige Geflechte aufgefangen und abgebaut. In der nächsten Kammer erfolgt eine feinere Filterung durch ein etwas feinporigeres Filtermaterial, in dem weitere, kleinere Schwebeteilchen abgebaut werden. Einige Filteranlagen haben darüber hinaus noch eine dritte Kammer mit einem sehr feinen Material, das nicht mehr voll durchflossen werden kann und von anaeroben, denitrifizierenden Bakterien besiedelt wird. Diese zerlegen die entstandenen Nitrate, wobei gasförmiger Stickstoff frei wird und damit die restlichen Verbindungen den Pflanzen nicht mehr als Nährstoff zur Verfügung stehen. Anlagen, die mit dem einströmenden Wasser zusätzlich Luft ansaugen, haben ein besonders reiches Bakterienleben.

Die Filterschwämme lassen sich gut herausnehmen und durch Zusammendrücken leicht reinigen.

Wartung von Filteranlagen

Natürlich verschmutzen diese Filteranlagen auch mit der Zeit. Bei einem reichen Bakterienleben werden die Oberflächen des Filtermaterials langsam immer dicher besiedelt und dadurch auch undurchlässiger. Sie müssen gereinigt werden, was sich gewöhnlich einfach durch mehrmaliges Ausdrücken und Spülen des Filtermaterials erreichen lässt. Dazu schaltet man zuerst die Pumpe ab, dann werden die Schwämme erst einzeln im stehenden Wasser ausgedrückt, und anschließend lässt man das schmutzige Wasser durch den Bodenablauf, der immer vorhanden sein sollte, abfließen, während man das restliche Wasser aus dem Filtermaterial drückt.

Bei guten Filteranlagen erfolgt das Auspressen mit einem im Filter integrierten Hebel, sonst muss man seine Gummihandschuhe anziehen und es mit der Hand machen. Dabei soll das Filtermaterial jedoch nicht klinisch sauber werden, sondern es müssen noch genügend Bakterien darin verbleiben, damit sie sofort ihre Arbeit wiederaufnehmen können. Dass Reinigungsbedarf besteht, erkennt man daran, dass die durchlaufende Wassermenge geringer oder, wie bei den komfortableren Anlagen, die Verschmutzung angezeigt wird. Durch eine Vergrößerung der Anlage lassen sich durch die höhere Leistung auch die Reinigungsintervalle vergrößern.

Solche einfachen Filteranlagen eignen sich besonders für kleinere Gartenteiche bis zu 20 m^2 mit geringem oder keinem Fisch-

Fertigfilter müssen so aufgestellt werden, dass das Wasser ungehindert dem Teich zufließen kann. Bei geschickter Aufstellung lässt sich damit auch ein Bachlauf speisen.

besatz und für Pumpen mit einer Leistung von 70–100 l/min. Diese Filter und die meisten anderen arbeiten drucklos, das heißt, das gefilterte Wasser muss ohne Behinderung durch den Filter und dann in den Teich ablaufen können.

Überwinterung

Da Filteranlagen ab 10 °C Wassertemperatur wirkungslos sind und meist nicht frostfrei betrieben bzw. im Winter nicht frostfrei gehalten werden können, müssen sie winterfertig gemacht werden. Nach der letzten Spülung bleibt der Ablaufhahn bis zur Wiederinbetriebnahme im Frühjahr geöffnet, damit sich kein Wasser ansammeln kann und das Filtergehäuse nicht durch Frost beschädigt wird. Die Filtereinsätze werden herausgenommen und im Wasser frostfrei überwintert. Die abgeschaltete Pumpe überwintert man wie auf Seite 27 beschrieben. Bleibt sie jedoch im Teich, sollte der Verbindungsschlauch zum Filter oder dem Vorklärgerät gelöst werden. So kann man die Pumpe im Winter gelegentlich laufen lassen, damit sie sich nicht festsetzt. Diese Art der Überwinterung eignet sich freilich nur bei Anlagen, die über dem Wasserspiegel stehen.

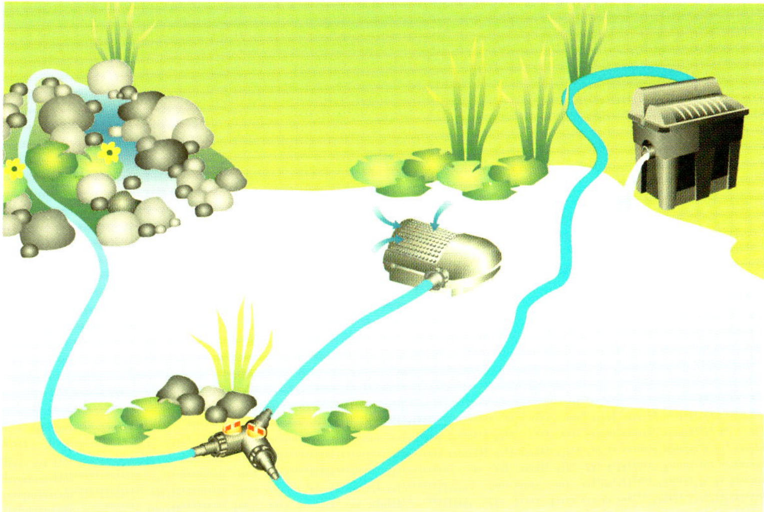

Bei einer leistungsfähigen Pumpe ab 200 l/min lassen sich ein Filter und ein Bachlauf gleichzeitig versorgen. Durch den Y-Verteiler sind die Durchflussmengen für beide Leitungen getrennt regelbar. Zwischen Pumpe und Y-Verteiler sollte mindestens eine 1 $^1/_2$ Zoll-Leitung liegen.

Filteranlagen mit vorgeschalteter Pumpe

Der Aufbau einer Filteranlage ist verhältnismäßig einfach: Wir stellen die Filterpumpe auf den Teichboden, denn dort sind die meisten Ablagerungen, die wir ja mit entfernen wollen. Mit einem Schlauch verbinden wir sie mit dem Filter, den wir dann so platzieren müssen, dass das gefilterte Wasser wieder in den Teich zurücklaufen kann. Wollen wir einen kleinen Bachlauf speisen, müssen wir den Filter so oberhalb des Bachlaufs aufstellen, dass er mit seinem Überlauf den Bach speist. Theoretisch können Filteranlagen auch bis zur Höhe des Auslaufs eingegraben werden, wenn sichergestellt ist, dass der Bodenablauf nicht verstopft.

Größere Filteranlagen sind meistens etwas aufwendiger gebaut, funktionieren aber nach dem gleichen Prinzip. Oft ist die Vorklärung besser ausgeführt. So hat der Filter »Biotec 30« von Oase erst einen Satz Filterbürsten, die den gröbsten Schmutz abfangen, dann kommen mehrere hintereinander hängende Filtermatten für den Feinschmutz, und erst darauf folgen die oben beschriebenen Filterschwämme. Dieser Filter reinigt Teiche bis 130 m³, bei Fischbesatz bis 65 m². Weitere Filteranlagen haben

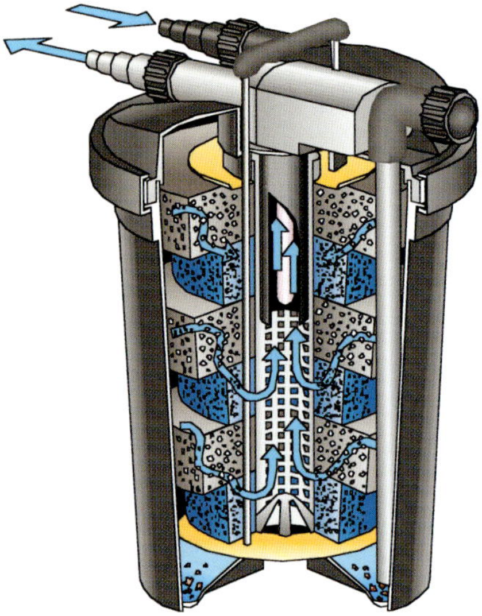

Druckfilter unterscheiden sich von den normalen drucklosen Filtern dadurch, dass sie fest verschlossen sind und das gefilterte Wasser den Filter ohne Druckverlust verlässt. Sie lassen sich eingraben oder vor einen Bachlauf setzen. Die Reinigung erfolgt durch Rückspülung, ohne dass der Filter dazu geöffnet werden muss.

Feinsiebe bzw. Siebmatten vorgeschaltet, die zum Abfangen von bis zu microkleinen Bestandteilen im Wasser dienen. Diese Siebmatten müssen regelmäßig abgespült werden, wobei dieses Spülwasser nicht in den Teich zurückläuft, sondern im Garten versickert, oder in die Kanalisation abgeleitet wird. Wasser, das durch die Siebmatte durchgelaufen ist, enthält praktisch keine Schmutzteilchen mehr, und die Bakterien der Filterschwämme haben nur noch die Aufgabe, die Nährstoffe abzubauen.

Druckfilter

Neben diesen drucklosen Filtern gibt es auch Druckfilter, bei denen die Filtereinheit in einem fest verschlossenen Gefäß untergebracht ist. Sie haben den großen Vorteil, dass sie überall aufgestellt, eingegraben oder eingebaut werden können und von Standort aus selbst einen höher gelegenen Bachlauf oder Sprudelstein versorgen können. Um außer den Reibungsverlusten durch den Filter nicht allzu viel Verlust im Wasserdurchlauf zu haben, sollte die Pumpe nicht zu schwach und der Leitungsdurchmesser nicht zu klein gewählt werden. Leider ist die Leistung von Druckfiltern nicht so groß, dass größere Teiche damit ausgestattet werden könnten. Sie reicht oft nur für Teiche bis 10 oder 15 m^3 oder für Fertigteiche aus Polyethylen oder glasfaserverstärktem Kunststoff. Gute Druckfilter zeichnen sich dadurch aus, dass sie sich reinigen lassen, ohne dass man sie öffnen muss. Durch Umlenken des Pumpenstroms mittels eines Schalters werden die Filterschwämme rückgespült, während sie von außen mit einem integrierten Hebel mehrmals ausgepresst werden. Nach dem letzten Zusammendrücken des Filtermaterials sollte man noch etwas Wasser durchlaufen lassen, bevor man wieder auf Filtern stellt.

Modul-Anlagen

Besitzer von Koi-Teichen oder Fischaufzuchten werden oft zu Filteranlagen greifen, die sie sich nach ihrem Bedarf aus einzelnen Modulen zusammenstellen können. Bei solchen Anlagen müssen alle Module bis auf das Pumpenmodul in gleicher Höhe aufgestellt sein, und alle sollten am Boden einen Ablauf haben, der von oben geöffnet und geschlossen werden kann. Die Grundausstattung besteht mindestens aus drei Komponenten:
1. Die Pumpe, die entweder in einem Pumpenmodul oder auf dem Teichboden platziert wird. Sie muss immer unter dem Wasserspiegel stehen.
2. Das nächste Modul enthält einen Grobschmutzabscheider, um aller gröberen Teile zu entfernen. Er sollte möglichst einfach zu reinigen, und der anfallende Schmutz durch den Ablauf zu entfernen sein.
3. Ein Modul dient dem biologischen Abbau von stickstoffhaltigen Nährstoffen und besteht aus

porösen Schaumstoffen oder Schwämmen.
Weitere Module können noch anderes Filtermaterial wie Kunststoffringe oder Kunststoffkugeln mit stark strukturierten Oberflächen oder auch das hochwertige Zeolith enthalten. Auf diesen können sich weitere Bakterien ansiedeln und beim Abbau der Nitrate helfen.

Platzierungsmöglichkeiten
Bisher haben wir nur Filteranlagen besprochen, bei denen die Pumpen den Filtern vorgeschaltet sind. Dies hat den Vorteil, dass solche Filter überall platziert werden können, wenn nur eine Verbindung zur Pumpe hergestellt werden kann und der Rücklauf zum Teich möglich ist. Man kann die Filteranlage sogar hinter einer Trockenmauer verstecken und den Überlauf wie ein Brunnenrohr durch diese Mauer führen und damit einen schönen Brunnen versorgen, der wiederum einen Bachlauf speist. Eine weitere Möglichkeit, Filteranlagen unauffällig unterzubringen, ist die Nutzung eines Kellers im Wohnhaus oder eines Nebenraums im Gartenhaus, eventuell in Verbindung mit einem Teichüberlauf und einer Zisterne. Filteranlagen, die wegen eines Fischbesatzes über den Winter durchlaufen, müssen durchgehend eine Wassertemperatur von etwa 10 °C behalten, wenn der Filter noch wirksam arbeiten soll. Filter in Kellerräumen haben den Vorteil, dass es hier möglich ist, das Wasser anzuwärmen, bevor es durch den Filter fließt. Für das Schmutzwasser bei der Filterreinigung muss allerdings ein Ablauf zur Verfügung stehen. Ein kleiner Nachteil normaler Bachlaufpumpen besteht darin, dass nur Schmutzteilchen bis zu einer gewissen Größe – etwa 2–4 mm – durch den Grobfilter des Pumpengehäuses in den Filter gelangen können. Spezielle Filter-Speisepumpen sind robuster konstruiert und haben deutlich größere Öffnungen im Filtergehäuse. Sie transportieren noch Grobteile bis 8 mm Durchmesser in den Filter.

Filteranlagen mit nachgeschalteter Pumpe

Bei Filteranlagen, die in der Höhe des Wasserspiegels liegen, kann

Im Uferbereich außerhalb des Teichs lassen sich Druckfilter so einbauen, dass sie gut erreichbar und doch sehr unauffällig untergebracht sind.

die Pumpe auch nach der Filtereinheit eingebaut werden. Sie muss dann aber in einer eigenen Pumpenkammer stehen, die an den Auslauf des Filters angeschlossen ist.
Diese Anordnung hat etliche Vorteile. Durch den Einbau auf Wasserspiegelhöhe läuft das Teichwasser von alleine in den Filter. Dabei ist es gleichgültig, ob die Zuleitung zum Filter direkt unter dem Wasserspiegel beginnt, bis zum Teichboden hinunter reicht oder über einen Bodenablauf das Wasser aufnimmt. Das Wasser wird nach dem Prinzip der kommunizierenden Röhren immer durch den Filter in die dahinter liegende Pumpenkammer laufen. Wird dann die Pumpe in der Pumpenkammer angeschaltet, sinkt dort der Wasserspiegel, und es fließt für das abgepumpte Wasser weiteres, gefiltertes Wasser nach. Das hat den weiteren Vorteil, dass die Pumpe kein »schmutziges« Wasser vom Teichboden pumpen muss, sondern sauberes Wasser fördert, was wiederum geringeren Pumpenverschleiß bedeutet. Da die Pumpe somit ihre volle Leistung bringen kann, können wir sie auch zur Speisung von Bachläufen, Springbrunnen oder Sprudelsteinen einsetzen.

Filteranlagen aus mehreren Modulen mit nachgeschalteter Pumpe erfordern einen ständig gleich hohen Wasserstand, damit das Wasser ungestört durch die Filtermodule in die Pumpenkammer laufen kann, von wo aus es die dort stehende Pumpe in einen Bachlauf fördert.

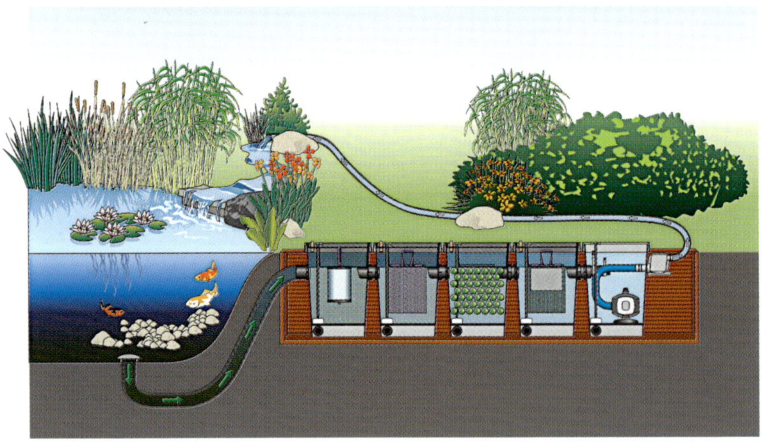

Einige **Nachteile** hat diese Anordnung jedoch auch. So darf der Wasserspiegel des Gartenteichs nicht schwanken, sondern muss konstant auf einer Höhe gehalten werden, die es ermöglicht, dass das Wasser ungehindert in den Filter laufen kann (siehe ab Seite 71).
Auch ist die **Überwinterung** von Pumpe und Anlage problematisch, sofern sie nicht frostfrei z.B. in einem Keller steht. Dann müssen Pumpe und Filteranlage nämlich aus dem Wasser genommen und wie das andere System gereinigt und behandelt werden. Wird die Filteranlage über einen Bodenablauf betrieben, muss dessen Zuleitung über den Wasserspiegel angehoben oder aber so verschlossen werden, dass kein Wasser aus dem Teich laufen kann.

Vorklärung mit UVC

Seit etlichen Jahren werden von vielen Firmen UVC-Vorklärgeräte angeboten. Sie dienen vorwiegend der Bekämpfung von Schwebealgen, haben aber zudem eine sehr gute abtötende Strahlung bei Bakterien oder Pilzkeimen. Die Wirkung beruht auf der speziellen Strahlung der UV-Lampe im Inneren des

Geräts, die freilich auch für das menschliche Auge gefährlich ist. Algen, die im Wasser an der Lampe vorbei getrieben werden, verklumpen unter der Strahlung und können schon durch feinere Vorfilter ausgeschieden werden. Ebenso werden Keime, Bazillen und Bakterien vom Licht der Lampe abgetötet.
Wie der Name »UVC-Vorklärer« schon sagt, werden diese Geräte der Filteranlage vorgeschaltet, sie können aber auch alleine eingesetzt und in einem eigenen Kreislauf betrieben werden. Dann dienen sie jedoch vorwiegend der Entkeimung des Wassers, was in der Fischzucht sehr wichtig sein kann.

UVC-Vor- oder Nachklärgeräte bekämpfen Schwebealgen und Bakterien. Sie dürfen nur zeitweise laufen oder müssen über einen Beipass geregelt werden.

Regelbarer Beipass

Viele UVC-Vorklärgeräte haben eine Beipassfunktion, die es ermöglicht, einen Teil des zugeführten Wassers an der UV-Lampe vorbei direkt zum Filter zu führen, sodass nicht das gesamte Wasser bestrahlt und entkeimt wird, denn sonst würde letztendlich der gesamte Teich entkeimt und damit auch das biologische Gleichgewicht gestört. Da der Beipass regelbar ist, kann man bei starkem Algenbefall anfangs mehr Wasser an der Lampe vorbei fließen lassen und später bei geringerem Befall die bestrahlte Wassermenge nach Bedarf reduzieren. Alle UVC-Vorklärgeräte, die keinen Beipass haben, dürfen nicht durchgehend in Betrieb sein, da sonst auch entsprechend Schäden in den Lebensabläufen des Teichs entstehen. Hier ist es besser, wenn man anfangs die UVC-Lampe nur wenige Stunden täglich einschaltet und die Bestrahlung erst langsam auf etwa acht Stunden am Tag steigert. Sobald eine gute Klärung erreicht ist, sollte man wieder soweit runterfahren, wie das Wasser klar bleibt.

Wartungsaufwand

Bei allen Vorklärgeräten muss während des Betriebs darauf geachtet werden, dass die Lampe nicht verschmutzt, denn dann geht ja ihre Wirkung verloren oder wird zumindest stark verringert. An Kontrollfenstern lässt sich erkennen, wann diese Reinigung von Hand erfolgen muss. Dazu müssen die Geräte nicht auseinandergenommen werden, sondern es muss lediglich eine Reinigungsbürste im Inneren mit einem Handgriff oder einem Magneten über die Röhre geführt werden.

Bei dieser Filteranlage ist der dazu passende UVC-Vorklärer fertig eingebaut. Doch sollte man bei solchen Sets darauf achten, dass auch ein Beipass vorhanden ist.

Die etwas hochwertigeren UVC-Vorklärer haben rotierende Bürsten, die vom durchströmenden Wasser angetrieben werden, sodass sie in dieser Hinsicht wartungsfrei sind. Die Lichtröhren selbst sollten nach etwa 10 000 Betriebsstunden, das wären im Dauereinsatz aufgerundet 14 Monate, ausgetauscht werden. Man muss aber die UV-Lampen nicht durchgehend eingeschaltet lassen; es genügt, wenn man sie täglich ein paar Stunden betreibt.

Platzierung und Leistung

Die Aufstellung der UVC-Vorklärer muss immer so erfolgen, dass sie deutlich über dem Wasserspiegel stehen. Das hat bei Filteranlagen in Wasserspiegelhöhe mit nachgeschalteter Pumpe zur Folge, dass sie erst hinter der Pumpe oberhalb des Wasserspiegels eingesetzt werden können und quasi als »Nachklärer« fungieren. Dabei muss bei beipassregelbaren Vorklärern der Lampendurchlauf wieder mit dem Beipass zusammengeführt werden. UVC-Vorklärer müssen in ihrer Leistung auf die Pumpe und die Filteranlage abgestimmt sein. Im Einzelnen darauf einzugehen ist nicht möglich, da jeder Anbieter andere Benennungen für Vorklärer, Pumpe und Filteranlage hat. Bei vielen UVC-Klärern wird ebenso wie bei vielen Filteranlagen die maximale Durchflussmenge angegeben, die von der Filterpumpe nicht unbedingt erreicht werden muss. Im guten Fachhandel finden sich stets Angaben zur richtigen Kombination der einzelnen Geräte.

Filter-Sets

Die einfachste Lösung für uns Verbraucher ist die Anschaffung eines kompletten Sets. Die Auswahlkriterien sind: Inhalt des Gartenteichs in m^2 und der zu erwartende Fischbesatz. Dabei gelten 500 (evtl. bis 1000) g Fisch je 1000 l Wasser bei guter Bepflanzung schon als Obergrenze. Dies müssen wir beachten, wenn wir ein paar kleine Kois von 10 cm Länge im Teich aussetzen, sie können doch recht groß und entsprechend schwer werden. Ein ausgewachsener Koi kann 60 cm und mehr erreichen und bringt dann auch einige Kilogramm auf die Waage. Da im Winter alles Leben im Gartenteich sehr gebremst abläuft und der Filter nur bei Temperaturen ab 10 °C aufwärts arbeitet, ist in den Monaten November bis März der Einsatz des UVC-Vorklärers auch nicht nötig. Er kann gesäubert im frostfreien Raum gelagert werden.

Skimmer

Bei größeren Teichen muss man zeitweise mit größerem Eintrag an Staub, Blättern, Kätzchen von Weiden und Birken oder auch Blütenstaub rechnen, der oben auf dem Wasser schwimmt. Wenn dieser Eintrag absinkt, trägt er nicht unerheblich zur Erhöhung der Nährstoffe im Teich bei. Bei kleinen Teichen lässt sich vieles mit einem feinen Kescher abfischen. Bei großen Teichen kann das zu einer Beschäftigung von mehreren Stunden ausarten. Abhilfe schaffen hier Skimmer, die das Oberflächenwasser gewissermaßen absaugen. Sie werden meistens Filterpumpen vorgeschaltet und nehmen alles Schwimmende auf. Alle gröberen Dinge werden von einem Sieb abgefangen, während die feineren Teile durch die Pumpe dem Filter zugeführt werden. Wer im Frühjahr den grünen Schleier von Milliarden von Pollen auf seinem Teich schwimmen hat, wird froh sein, wenn diese zügig von der Wasseroberfläche abgesaugt werden. Skimmer werden entweder fest eingebaut oder beweglich auf einer festen Unterlage so angebracht, dass man sie im Winter wieder entfernen kann. Am besten stellt man sie auf den Boden der Flachwasserzone oder man versteckt sie in der Uferzone. Nur sollte man darauf achten, dass sie gut erreichbar sind, um das Sieb bei Bedarf zu leeren. Damit der Skimmer gut arbeitet, muss er sich an der richtigen Stelle befinden. Wenn die Windrichtung nicht stimmt, kann auch der beste Skimmer seine Aufgabe nicht zur Zufriedenheit erledigen. Deshalb müssen wir den Skimmer immer dort aufstellen, wohin der Wind meistens den Abfall treibt. Wenn wir die Hauptwindrichtung kennen, wird das für uns kein Problem sein.

Damit ein Skimmer immer optimale Leistung bringt, muss er sich dem aktuellen Wasserstand anpassen können. Gute Geräte haben einen Spielraum von etwa 10 cm. Sie werden auf die optimale Höhe eingestellt und arbeiten auch dann noch, wenn sich der Wasserspiegel bis zu 10 cm senkt.

Kombination von Filter und Skimmer

Die Firma Oase hat zur Saison 2006 eine Kombination aus einem Filter mit vorgeschaltetem Skimmer und UVC-Vorklärer sowie einer nachgeschalteten Pumpe auf den Markt gebracht. Diese Skimmer-Filter-Einheit wird im Teichrand an die Folie angebaut und im festen Ufer eingegraben. Durch den Einbau im festen Bereich des Ufers sind Zugang und Wartung besonders einfach.

Skimmer säubern die Wasseroberfläche und sollten gut erreichbar sein.

Überwinterung

Alle nicht fest eingebauten Skimmer werden nach dem Laubfall zusammen mit den Filteranlagen stillgelegt. Fest im Ufer eingebaute Skimmer wie beispielsweise der BIOsys-Skimmer von Oase kann man eventuell ohne Filteranlage bis zum ersten stärkeren Frost durchlaufen lassen; dann werden auch sie stillgelegt und gereinigt.

auf einen blick

- Bei hohem Fischbesatz empfiehlt sich eine leistungsfähige Filteranlage, die auf Pumpe und Teichgröße abgestimmt ist.
- UVC-Vorklärer reduzieren besonders Wassertrübungen und schädliche Bakterien und müssen auf Pumpe und Filter abgestimmt sein.

Beleuchtung am und im Teich

Licht ist ein wichtiges Gestaltungselement im Garten. Mit der entsprechenden Beleuchtung kann man wichtige oder schöne Dinge ins rechte Licht rücken oder stimmungsvolle Situationen schaffen. Andererseits dient eine richtige Ausleuchtung von Wegen oder Treppen der eigenen Sicherheit und der von Besuchern.

Licht im Garten

Gartenbeleuchtungen im 230-V-Bereich werden meistens fest installiert, Laternen oder niedrige Lampen lassen sich gut an den wichtigsten Plätzen postieren. Andererseits können falsch angebrachte Beleuchtungen sehr unangenehm blenden. Damit sie durch ihr Licht nicht behindern, sollten sehr helle Leuchten immer so stehen, dass sie einem nicht in die Augen strahlen. Dazu kann man Lampen mit einem Schirm wählen, der sich unterhalb der Augenhöhe auch von »kleinen Leuten« befindet, oder man verwendet höhere Lampen, die mit einzelnen oder mehreren ringförmigen Schirmen versehen sind, welche die Strahlen schräg nach unten ablenken. Eine weitere Möglichkeit besteht darin, mit Laternen, die über mannshoch sind, größere Flächen auszuleuchten und damit eine Blendung auszuschließen.

◀ 12-V-Beleuchtung im Garten. Hinten eine erhöhte Gartenleuchte. Die Kugeln sind Schwimmlampen, die sich auch für den Garten eignen. Vorne Lampen zum Einsatz unter und über Wasser.

Stromversorgung

Im Allgemeinen wird für Gartenbeleuchtungen unser normaler **230-V-Wechselstrom** eingesetzt. Bei fest installierten Leuchten werden wir auch die Leitungen fest im Boden verlegt (siehe S. 11). Wenn wir also schon Leitungen verlegen und Lampen auf feste Sockel montieren, können wir uns auch bei jedem Lampensockel fragen, ob es nicht praktisch wäre, wenn wir neben der Lampe gleich noch eine wetterfeste und spritzwassergeschützte Steckdose mit einbauen würden. Mindestens sollte man einen Anschluss für solche Sockel vorsehen, wo später möglicherweise ein Bedarf entstehen könnte. Wie oft muss man nach fertiger Installation lange Kabel durch den Garten legen, um ein anderes Gerät anschließen zu können, bloß weil man nicht rechtzeitig daran gedacht hat. Doch denken Sie bitte daran, dass 230-V-Steckdosen mindestens 3 m vom Garteneich entfernt sein müssen. Dasselbe gilt auch für die Kupplungen von Verlängerungskabeln. Diese beweglichen Kabel werden immer mal benötigt, um andere Geräte anzuschließen. So kann man mit einer wetterfesten, mit einem Erdspieß versehenen Spotleuchte mal eine besonders schöne Pflanze während der Blüte, mal einen Busch im Herbstlaub anstrahlen.

Bei Beleuchtungen im **Niedervoltbereich** kann man etwas unbesorgter vorgehen. Die meisten Anlagen arbeiten mit ungefährlichen 12 Volt. Da bei dieser niedrigen Spannung gewisse Leitungsverluste auftreten, sollten die Zuleitungen nicht allzu lang sein, und auch die Leitungsquerschnitte bei 2–2,5 mm² liegen. Für kürzere Strecken bis höchstens 5 m genügen auch die allgemein üblichen Kabel mit 1,5 mm² Querschnitt.

Transformatoren für Außenbeleuchtung und auch für den Antrieb von Niedervoltpumpen sind im Allgemeinen wasserdicht vergossen, sodass sie auch im

Der Unterwassertrafo von Oase bietet vier wasserdichte 12 V-Anschlüsse mit zusammen 150 VA.

Freien verwendet werden können. Auf den Trafos ist immer deren Leistung in VA angegeben, die nie von den Watt-Zahlen der Verbraucher, in unserem Fall den Leuchtmitteln in den Lampen, überschritten werden darf. Haben wir beispielsweise zwei Lampen mit einem Verbrauch von je 20 W, dann benötigen wir einen Trafo mit mindestens 40 VA. Die Leistung des Trafos darf höher, aber niemals niedriger sein. Bei fest installierten Lampen können die Leitungen zum und vom Trafo zu den einzelnen Lampen auch unterirdisch verlegt werden. Bei sehr langen Leitungen, wie sie an längeren Wegen vorkommen, sollte der Trafo in der Mitte der Leitung liegen. So sind die Wege zur ersten und letzten Lampe nur halb so lang, wie bei einem Anschluss an einem Ende der Leitung.

Die wasserdichten Anschlusskabel für den Unterwassertrafo werden natürlich außerhalb des Wassers angeschlossen.

Leuchten für jeden Platz und Geschmack

Das Angebot an Lampen ist sehr vielseitig. Viele Hersteller haben für 12-V-Gartenbeleuchtungen ein eigenes Programm, das speziell für eine Verwendung im Garten und in Wassernähe vorgesehen ist. Im Angebot finden sich verschiedene Lampen mit Kugeln, Schirmen oder auch Spotleuchten. Verlängerungen des Fußes oder auch Vorrichtungen zur Wandmontage werden zusätzlich angeboten.
Die meisten dieser Lampen sind mit 10 oder 20 W-Halogenbirnchen ausgestattet, doch es gibt auch Spotscheinwerfer, die bis zu 50 W verbrauchen und sich für das Anstrahlen größerer Objekte wie Bäume, große, blühende Sträucher oder zur Ausleuchtung des Hintergrundes anbieten. Hinweise zu den ebenfalls angebotenen Solarleuchten finden Sie auf Seite 77.

Licht im und unter Wasser

Neben diesen Leuchten, die nur für eine Trockenaufstellung geeignet sind, gibt es auch andere, die wir am Ufer, im und sogar unter Wasser verwenden können.

Springbrunnenbeleuchtung

Es fängt mit den Lampen an den kleinen Springbrunnenpumpen an. Sie werden an das Steigrohr montiert, haben nur einen geringen Stromverbrauch von 5–10 W und werden von einem kleinen Trafo, der meist im Lieferumfang enthalten ist, gespeist. Man kann sie mit dem Anschluss der Pumpe koppeln, dann leuchten sie, wenn die Pumpe eingeschaltet wird. Sobald die Pumpe jedoch durchgehend läuft, wird man sie nach Wunsch getrennt ein- und ausschalten. Das Gleiche gilt für die größeren Springbrunnenpumpen und entsprechend große Fontänen, bei denen dann auch bis zu drei Leuchten installiert werden. Oft haben diese Pumpen an ihrem Gehäuse schon entsprechende Vorrichtungen zum Befestigen der Scheinwerfer. Für diese Strahler werden Farbscheiben in grün, rot, blau

Eine Fontäne, abends von unten angestrahlt, hat schon ihren eigenen Reiz. Wer es bunt mag, kann noch Farbscheiben auf die Scheinwerfer montieren.

oder gelb mitgeliefert, und wer es bunt mag, kann jeden der Scheinwerfer mit einer anderen oder alle mit der gleichen Farbe bestücken.
Bei vielen Strahlern gehört auch ein Lampenfuß oder ein Erdspieß zum Lieferumfang. Mit dem Fuß lassen sich die Lampen überall im Wasser platzieren, aber man kann sie auch trocken, das heißt im Garten aufstellen. Da dies nicht bei allen Unterwasserleuchten möglich ist, sollte man beim Kauf darauf achten, ob sie für beide Aufstellungsmöglichkeiten geeignet sind. Es gibt auch Strahler mit 50 oder 75 W Leistungsaufnahme, die so viel Wärme entwickeln, dass sie nur unter Wasser, also mit »Wasserkühlung« verwendet werden dürfen.

Unterwasserleuchten

Unterwasserleuchten sind wasserdicht und haben ein hitzebeständiges und druckfestes Glas. Zum Wechseln des Leuchtmittels werden entweder ein paar Schrauben gelöst und der Deckring mit dem Glas und der Gummidichtung entfernt, oder der Deckring hat ein Schraubgewinde und lässt sich mit wenigen Drehungen lösen. So kann man die Halogenbirnchen ohne Schwierigkeiten auswechseln.

Schwimmendes Licht

Das Thema Beleuchtung wäre nicht vollständig, wenn nicht noch auf die Schwimmpumpen mit Beleuchtung hingewiesen würde. Für einige Schwimmpumpen gibt es Beleuchtungssets, die an die Pumpe ange-

Um die Halogenbirne zu wechseln, wird der Scheinwerfer aufgeschraubt.

Fassen Sie die neuen Halogen-Ersatzbirnchen nicht mit der bloßen Hand an: Schon der Fingerabdruck auf dem Glas kann die Lebensdauer verkürzen. Öffnen Sie die Verpackung des Lämpchens so, dass Sie die beiden Füßchen des Birnchens in den Sockel stecken können, ohne es zu berühren, oder benutzen Sie ein sauberes Taschentuch oder einen Stoffhandschuh.

baut werden können und eine Fontäne oder einen Sprudler vom Wasser aus anstrahlen. Farbscheiben gehören meist zum Lieferumfang.
Einen anderen Effekt bringen Schwimmleuchten. Das sind Kugeln aus durchsichtigem oder auch gefärbtem Acrylglas, die von innen mit einem 5 W-Birnchen erhellt werden. Diese Kugeln sind mit einem flachen, etwas beschwerten Fuß versehen, der sie beim Schwimmen aufrecht hält und es außerdem erlaubt, dass sie auch außerhalb des Wassers im Garten aufgestellt werden können.

Schwimmlampen auf einem Teich sind etwas Besonderes. Die gleichen Lampen lassen sich aber auch trocken verwenden, wie links im Hintergrund.

LED-Leuchten

In neuerer Zeit findet auch LED-Technik Eingang in die Gartenbeleuchtung. LED ist die Abkürzung von »Light Emitting Diode« mit der deutschen Übersetzung: Leuchtdiode. Leuchtdioden haben den Vorteil, dass sie eine Lebensdauer von vielen tausend Stunden haben, und das verbunden mit einem sehr geringen Stromverbrauch. Sie benötigen eine Niederspannung und haben schon weite Verbreitung in Taschenlampen gefunden. Ihre ehemals hohen Preise sind in letzter Zeit stark gefallen, und es ist zu erwarten, dass sie bald in größerem Umfang auch in der Beleuchtung von Gärten und Gartenteichen Verwendung finden werden.
Einige Hersteller haben schon entsprechende Lampen im Programm. So werden von einer Firma zwei Solarsets mit Modul, Akku und drei LED-Leuchten angeboten. Das eine Set ist mit drei farbigen LEDs als Schwimmlampen bestückt und das ande-

Die LED-Leuchtringe für Sprudelsteine (links, von Oase) haben 6 oder 9 Leuchtdioden, die von einem Dämmerungsschalter gesteuert werden. Auch die farbigen Schwimmleuchten (rechts, von Heissner) sind mit LEDs bestückt.

re mit drei farbigen LEDs als Gartenbeleuchtung ausgestattet (Heissner). Wer Freude an Farbigem hat, kommt damit auf seine Kosten.
Eine andere Firma bietet im Set drei LED-Scheinwerfer an, die von einem 12V-Trafo versorgt werden, jede Lampe hat drei weiße Leuchtdioden und kann über wie auch unter Wasser verwendet werden (Oase). Von der gleichen Firma werden auch Leuchtringe für Sprudelsteine mit sechs oder neun Leuchtdioden angeboten, die in der Mitte eine Öffnung für den Sprudelstrahl sowie einen Schlauchanschluss mit $^3/_4$" beziehungsweise 1" haben und in den Sprudelstein eingebaut werden. Gesteuert werden diese Leuchtringe durch einen eingebauten Dämmerungsschalter, der sie bei einsetzender Dunkelheit einschaltet. Stromverbrauch 1 W oder 1,5 W. Mit diesen Leuchtringen lassen sich schöne Effekte realisieren, wenn man mehrere auf einem größeren, flacheren Stein installieren kann, oder sie auf einige nebeneinander liegende, möglichst verschieden große Steine verteilt.

auf einen blick

- Für Beleuchtung im und am Wasser werden 12 V Halogenleuchten bevorzugt, da sie in Verbindung mit Wasser völlig ungefährlich sind. Bei Gartenbeleuchtungen halten sich Angebote mit 230 V und 12 V die Waage.
- Leuchtdioden für kleinere Scheinwerfer gibt es schon bei einigen Firmen, doch weitere interessante Entwicklungen sind abzusehen.
- Für viele verschiedene Einsatzmöglichkeiten werden seitens der Hersteller komplette Sets angeboten.

Technische Hilfsmittel

Wenn wir uns abends nach der Arbeit an den Teich setzen, möchten wir den Abend genießen und nicht das verdunstete Wasser des Teichs ergänzen, den Springbrunnen in Bewegung setzen und später auch noch das Licht anschalten. Doch auch hier kann uns durch Schaltungen und Sensoren, Fernbedienungen und Schaltuhren viel Arbeit abgenommen und einiges erleichtert werden.

Steuerung

Strahler und Springbrunnenpumpen müssen im Gegensatz zu den ständig laufenden Filterpumpen ja nicht den ganzen Tag oder gar rund um die Uhr in Betrieb sein. Beide haben erst ihren Reiz, wenn wir sie sehen und uns daran erfreuen können, das heißt nach Feierabend oder am Wochenende. Und selbst dann brauchen wir die Beleuchtung auch erst nach Einbruch der Dämmerung.

Wir müssen also alle Geräte einzeln oder im Ganzen ein- und ausschalten können. Die einfachste Schaltung besteht in einer Steckerleiste, in die wir jedes Gerät einfach einstecken, wenn wir es brauchen. Dies geht aber nur, wenn die Leiste trocken, also vor Regen geschützt untergebracht ist. Sicherer sind da schon die vor Spritzwasser geschützten Verteiler für den Garten, an die wir die einzelnen Geräte oder Verbraucher nach Bedarf anschließen können.

◀ Schaumsprudler mit Beleuchtung. Mit einem elektronischen Dämmerungsschalter lässt sich diese Beleuchtung einschalten und auch zeitlich begrenzen.

Steuerung durch Schalter

Weit einfacher geht das alles mit Schaltern. Wenn wir aber damit arbeiten wollen, setzt das wiederum voraus, dass unsere Leitungen mindestens im Schalterbereich fest installiert sind. Das ist kein Problem, wenn in Teichnähe ein Gartenhaus steht und von dort die Leitungen zu den einzelnen Verbrauchern gehen. Im einfachen Gartenhaus sind eventuell Feuchtraumschalter vorgeschrieben, also nicht die normalen Schalter wie im Haus, die nur in festen Blockhäusern verwendet werden können.

Wollen wir die Schalter im Wohnhaus installieren und müssen die Leitungen deshalb über größere Strecken verlegen, wird es sich als praktisch erweisen, wenn man anstelle von drei Lei-

Zierbrunnen müssen nicht Tag und Nacht durchlaufen. Mit einer Zeitschaltuhr ist es möglich, die Zeiten zu bestimmen, wann die Pumpe ein- und ausschaltet.

Mit einem einfachen Schwimmerventil lässt sich ein konstanter Wasserstand im Teich halten.

tungen für drei Verbraucher beispielsweise eine Filterpumpe, eine Springbrunnenpumpe und eine Beleuchtung – ein fünfadriges Kabel verlegt: Dann kann man an drei Adern die drei Verbraucher anschließen und die beiden anderen als Nullleiter und Erdung nutzen. Mit diesem Kabel geht man bis in die Nähe der Verbraucher. In einer wasserdichten Verteilerdose im Freiland oder einer normalen Verteilerdose an einem trockenen Standort werden die einzelnen Verbraucher mit einer Ader (2 x schwarz, 1 x braun), dem Nullleiter (blau) und der Erdung (gelb/grün) verbunden.

Alle festen Anschlüsse, die über Schalter mit fester Installation und nicht über Kabelkupplungen (Steckerkontakte) gemacht werden, sollten Sie auf jeden Fall einem geprüften Elektroinstallateur überlassen.

Zeitsteuerung

Nun wollen Sie aber sicher nicht in jeder Mittagspause oder jeden Abend erst die Pumpe einschalten und dann, wenn es dunkel wird, noch die Beleuchtung zuschalten. Sie möchten doch alles möglichst bequem und ohne viel Aufwand erledigt haben.
Als einfachste Möglichkeit bietet sich dazu eine Zeitsteuerung an. Im Handel gibt es einfache, mechanische Zeitschaltuhren, die in die Steckdose gesteckt werden, mit dem Strom synchron laufen und an welche die Geräte angeschlossen werden können. Die aktuelle Zeit wird durch einen 24-Stunden-Drehkranz eingestellt. Auf dem Drehkranz sind Schaltelemente, die immer eine Viertelstunde Schaltzeit bedeuten. Sie erlauben, im Rhythmus von 24 Stunden beliebige Zeiträume im Viertelstundentakt ein- oder auszuschalten. So kann man für die Mittagspause den Springbrunnen anschalten, indem man, bei 12 Uhr beginnend die nächsten sechs Schaltelement einrückt. Dann läuft der Springbrunnen bis 13:30 Uhr. Weitere Schaltungen wären zum Beispiel von 18:00 bis 22:30 Uhr oder auch am Morgen sinnvoll. Mehrere Geräte können entweder über eine Zeitschaltuhr geschaltet werden, oder man schaltet jedes Gerät einzeln zu dem Zeitpunkt, zudem es gebraucht wird.
Das ist allerdings nicht immer optimal. Denken wir nur an die Beleuchtung: Vom Frühjahr bis zum 21. Juni werden die Tage immer länger und dann wieder kürzer. Man muss dann alle paar Tage die Zeitschaltuhr nachstellen. Dieselbe Problematik zeigt sich bei den elektronischen Zeitschaltuhren, die sich genauer und über längere Zeiträume programmieren lassen. Hier kann man zwar für den Montag ein Programm und ein anderes für den Sonntag eingeben, oder ein ganzes Monatsprogramm. Aber den jahreszeitlichen Wechsel zu berücksichtigen, ist auch damit nicht möglich.

Dämmerungsschalter

Um die Beleuchtung nicht alle paar Tage neu einstellen zu müssen, ist es ratsam, Beleuchtung und Springbrunnen so zu kombinieren, dass beide gleichzeitig eingeschaltet werden. Damit die Beleuchtung erst in der Dämmerung oder bei Ein-

bruch der Dunkelheit angeht, installieren wir zwischen Zeitschaltuhr und Licht zusätzlich einen Dämmerungsschalter. Dieser sorgt dafür, dass das Licht erst bei beginnender Dämmerung angeht. Wird er auf die Laufzeit der Abendschaltung programmiert, ist gewährleistet, dass mittags keine Beleuchtung brennt. Abends jedoch, wenn der Springbrunnen läuft, schaltet sich mit Beginn der Dämmerung die Beleuchtung ein und geht aus, wenn auch die Springbrunnenpumpe abschaltet.
Es gibt auch Schaltuhren, die von einem Dämmerungsschalter gesteuert und auf eine bestimmte Zeit eingestellt werden. Nach Ablauf der eingestellten Zeit schalten sie die Verbraucher ab.

Diese Schaltuhr schaltet sich mit einem Dämmerungsschalter ein und nach der eingestellten Zeit wieder ab.

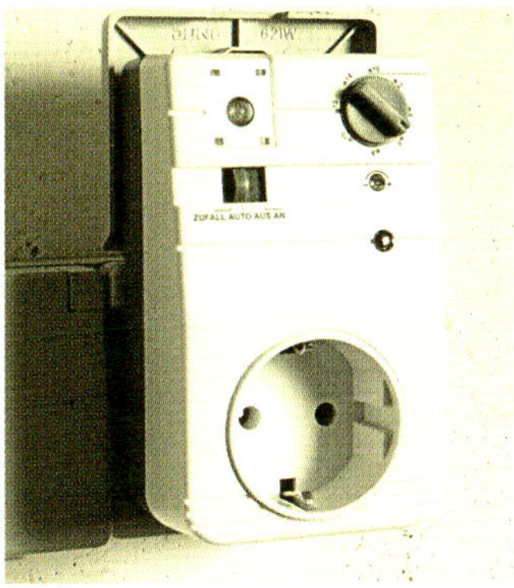

Ein Verteilerkasten (hier von Oase) hat außer der Zuleitung und einer normalen Steckdose z. B. zwei Steckdosen mit fernbedienbarem Ein- und Ausschalter sowie einen fernbedienbaren Drehzahlregler.

Dämmerungsschalter eignen sich auch zum Beleuchten von Eingangswegen und können so programmiert werden, dass sie entweder nach einer gewissen Zeit abschalten oder bis zum Morgen durchbrennen

Dimmer

Unter Dimmern versteht man elektronische Vorschaltgeräte, die die Strommenge für einzelne Verbraucher stufenlos reduzieren. Wir kennen sie aus unserem Wohnbereich, wo wir damit die Helligkeit unserer Lampen regeln. Auf gleiche Weise können auch Asynchron-Pumpen, wie man sie für den Gartenteich oder die Filteranlagen braucht, durch einen Dimmer in ihrer Leistung gesteuert werden. Selbiges gilt auch für die Niedervoltpumpen mit einem Transformator. Bei diesen wird der Dimmer vor den Trafo geschaltet. Dimmer gibt es in verschiedenen Leistungen, und sie müssen immer an den Verbraucher angepasst sein. Am besten ist es, wenn der Dimmer direkt mit dem Gerät, das damit gesteuert werden soll, verbunden ist. Es gibt aber auch vorschaltbare Dimmer, die mit der Hand reguliert werden; auch sie müssen jedoch auf die Leistungsaufnahme des gesteuerten Gerätes abgestimmt sein. Einige Hersteller bieten Dimmer an, die per Funk ferngesteuert werden können.

Eine solche Fernbedienung dient zum Ein- und Ausschalten von zwei verschiedenen Geräten sowie zur Bedienung eines Drehzahlstellers oder Dimmers, um die Leistung einer Pumpe zu variieren.

Funksteuerungen

Ein anderer Weg, unsere Geräte ein- und auszuschalten, geht mit Hilfe der Funksteuerung. Wir kennen Funksteuerungen aus dem Gebrauch im Haus. Dort gibt es für viele Geräte Zwischenstecker, die sich durch Funk bedienen lassen, ohne dass direkter Sichtkontakt mit dem Sender besteht. Meist haben sie im Haus eine Reichweite bis zu 50 m, auch durch Türen und Wände. Im Freien können Sie bis zu 100 m weit reichen. Solche funkgesteuerten Zwischenstecker werden einfach zwischen die Steckdose und die Zuleitung des zu schaltenden Geräts gesteckt. Für jeden Verbraucher, der geschaltet werden soll, benötigt man einen eigenen funkgesteuerten Zwischenstecker. Bedient werden sie mit der dazugehörigen Fernsteuerung, die auf die einzelnen Zwischenstecker abgestimmt sind. Es gibt Funksteuerungen für zwei, drei oder vier Zwischenstecker. Funkgesteuerte Zwischenstecker für den Garten und den Teich müssen spritzwassergeschützt sein. Funkschalter benötigt man vorwiegend für Geräte, die an einen weiter entfernten Verteiler angeschlossen sind der mit einer Stromleitung versorgt wird, und von dem aus die einzelnen Verbraucher gesteuert werden sollen. Die einfachsten Verteiler bestehen aus einem Stecker für die Zuleitung und zwei, drei oder vier Anschlüssen für die Verbraucher. Beim Kauf eines Verteilers sollte man darauf achten, dass die einzelnen Anschlüsse so angeordnet sind, dass die Funkschalter sich nicht gegenseitig behindern, weil zum Beispiel die Abstände zwischen den einzelnen Steckern zu eng sind. Ferner ist wichtig, dass der Verteiler so untergebracht wird, dass jederzeit ein Zugang zu allen Leitungen möglich ist. So kann man das Ganze in einem Sockel der Gartenbeleuchtung unterbringen oder unter einem künstlichen Stein verstecken, der sehr leicht und in verschiedenen Größen im guten Fachhandel zu bekommen ist. Bei entsprechenden Größen passen auch weitere Geräte darunter wie Trafos für Beleuchtung oder für Niedervoltpumpen.

Einige Anbieter haben fertige Verteileranlagen in ihrem Programm, bei denen die Funkschalter bereits eingebaut sind und man nur noch die einzelnen Geräte einsteckt. Die Wahlmöglichkeiten umfassen zum Beispiel zwei nicht schaltbare und zwei durch Funk ein- und ausschaltbare Steckdosen, oder es sind drei funkgeschaltete und ein nicht schaltbarer Stecker. Wer darüber hinaus noch einen funkgesteuerten Dimmer benötigt, kann ebenfalls bedient werden: Dann verteilen sich die Stecker auf einen ungeschalteten, zwei funkgesteuerte Ein/Ausschalter und einen funkgesteuerten Dimmer zum Regulieren einer Pumpe.

Wasserstandsregelung

Durch Verdunstung an der Wasseroberfläche, in der Uferzone und durch die Pflanzen verliert jeder Teich Wasser. Dazu können noch Kapillarbrücken an Teichrand oder im Bachlauf kommen, die einen weiteren Wasserverlust verursachen. So sinkt in jedem Gartenteich der Wasserspiegel. Doch für manche Filteranlagen oder Springbrunnen benötigen wir einen ständig gleich bleibenden Wasserstand.

Überlaufgesteuerter Wasserstand

Die einfachste Regulierung zeigt uns die Natur in jedem Teich oder See, der von einem Bach gespeist wird: So viel Wasser wie auf einer Seite hinein läuft, läuft auf der anderen Seite auch wieder hinaus – dadurch bleibt der Wasserspiegel immer auf der gleichen Höhe. Die Möglichkeit eines solchen offenen Systems kann aber nur der nutzen, der einen natürlichen Zulauf zu seinem Gartenteich hat.
Wir »normalen« Gartenteichbesitzer können einen überlaufgeregelten Wasserstand nur in einem geschlossenen Kreislauf bewerkstelligen. Dies setzt immer einen Wasserspeicher voraus, der in den Kreislauf eingebunden sein muss: Eine Pumpe im Wasserspeicher, beispielsweise einer Zisterne, pumpt solange Wasser in den Teich, bis dieser überläuft und das überschüssige Wasser wieder in der Zisterne landet. Der Wasserstand wird also durch die Höhe des Überlaufs am Teich bestimmt. Dieser Wasserkreislauf muss natürlich nicht den ganzen Tag in Betrieb sein; meistens reicht es, wenn bei einem Teich mittlerer Größe die Pumpe abends etwa 15 Minuten läuft, was mit einer einfachen Zeitschaltuhr zu erreichen ist.

Damit auch die ganze Wassermenge der Zisterne für die Wasserversorgung zur Verfügung steht, muss die Pumpe auf dem Boden der Zisterne platziert sein und auch die entsprechende Förderhöhe erreichen. Der Einlauf in den Teich muss entweder oberhalb des Wasserspiegels erfolgen, oder die Pumpe muss mit einem Rückschlagventil versehen sein, wenn der Einlauf unter dem Wasserspiegel liegt, damit der Teich nicht leer läuft.
Diese Überlaufregelung kann auch mit einer drucklosen Filteranlage oder einem Pflanzenklärbeet verbunden werden, durch

Bei der überlaufgesteuerten Wasserstandsregelung wird aus einer Zisterne ständig Wasser in den Teich gepumpt, wobei das überschüssige Wasser über einen Filter wieder zurückläuft. Mit einem Schwimmerventil wird dabei ein Mindestwasserstand im Behälter gehalten.

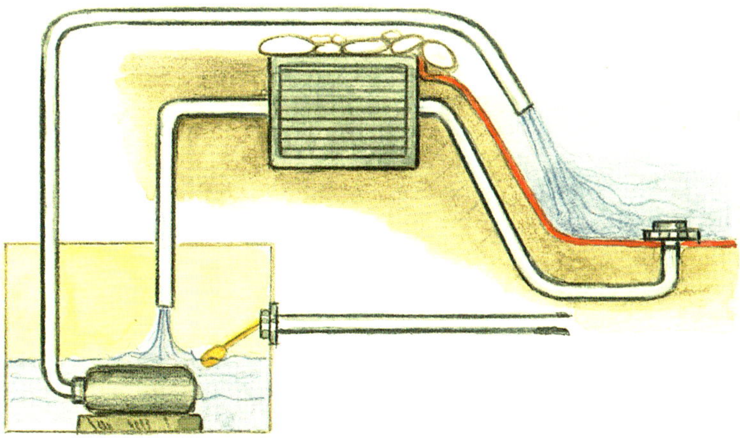

welche das Wasser erst hindurch muss, bevor es in den Wasserspeicher zurückfließen kann. Bei dieser Kombination muss die Überlaufregelung aber ständig laufen, damit in der Filteranlage die Sauerstoffversorgung gesichert ist. Wenn man schon die Überlaufregelung mit einer Filteranlage verbindet, dann sollte man sich auch überlegen, diese mit einem Bodenablauf zu kombinieren, der die Ablagerungen auf dem Teichboden dem Filter zuführt und so zusätzlich zur Sauberkeit des Teichs beiträgt. Bodenabläufe werden mit einem Flansch durch die Teichfolie geführt.

Trockenlaufsicherung

Bei einer überlaufgeregelten Wasserstandsregulierung kann es passieren, dass der Teich durch Verdunstung mehr Wasser verliert, als in der Zisterne gespeichert war. In diesem Fall würde die Umwälzpumpe am Boden der Zisterne kein Wasser mehr finden und trocken laufen. Zu ihrem Schutz sollte man deshalb eine zusätzliche Wasserleitung in die Zisterne verlegen und durch ein Schwimmerventil auf Höhe der Pumpe dafür sorgen, dass diese immer im Wasser steht und genug Wasser zum fördern hat – auch wenn es einmal nicht regnet.

Ein einfacher Überlauf aus eine Plastik-Kellerentwässerung ist hier unter der Folie fest eingebaut. Die in den Rahmen gedrückte, festgeschraubte Abdeckung fixiert die Folie.

Überlauf im Ufer

Bei einem Überlauf im Ufer stellt sich zudem die Frage nach dem Wie. Eine sehr praktische und bewährte Methode ist der Einbau einer Kellerentwässerung aus Plastik mit einem Einlaufgitter (ebenso aus Plastik) an einer Stelle im Uferbereich, von der aus die Zisterne gut zu erreichen ist (siehe Bild unten). Zunächst wird die Teichfolie zurückgeschlagen und die Kellerentwässerung in Beton auf die Höhe des zukünftigen Wasserspiegels, etwa 5 cm unterhalb der Kapillarsperre, gesetzt und mit der Zisterne verbunden. Dann schlägt man die Folie wieder so drüber, dass sie spannungsfrei über der Entwässerung liegt, aus der man das Einlaufgitter entfernt hat. Nun schneidet man in die Folie ein Loch, das nach innen mindestens 2,5 cm übersteht, und in dieses Loch wird das Ablaufgitter hineingedrückt. So kann das überlaufende Wasser nur in den Ablauf fließen. Sitzt das Ablaufgitter so stramm, dass die Folie nicht dazwischen passt, wird es an allen Seiten etwas abgehobelt. Damit das Gitter nicht wieder herausspringt, bohrt man in der Diagonale passende Löcher und schraubt das Gitter mit rostfreien Blechschrauben am Einlauf fest.

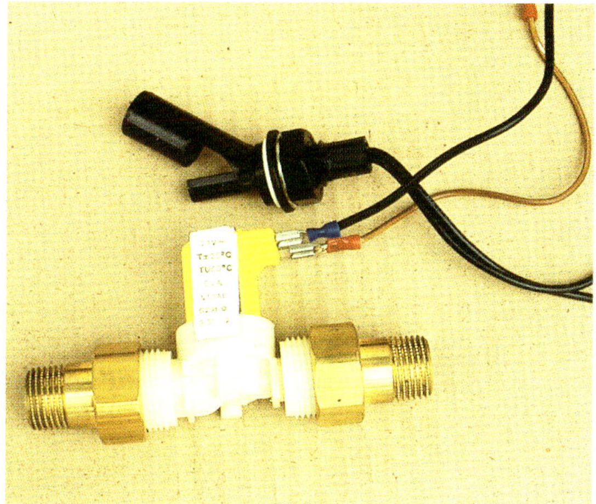

Links: Mit einer mechanischen Zeitschaltuhr kann man über 24 Stunden beliebig viele Schaltungen im Viertelstundentakt programmieren (siehe dazu auch Seite 68/69). Rechts: Schwimmschalter mit Magnetventil. Bei etwa 2 cm steigendem Wasserstand wird der Schalter geöffnet und das Ventil geschlossen (siehe auch Seite 75).

Steuerung mittels Schwimmerventil

Die Steuerung eines Ventils durch einen Schwimmer erfolgt nach dem gleichen Prinzip wie im Spülkasten eines WCs: Sinkt der Wasserspiegel, sinkt auch der Schwimmer und öffnet ein Ventil. Dadurch kann Wasser in den Teich laufen, bis wieder der normale Wasserstand erreicht ist und der Schwimmer das Ventil schließt. Eine gewisse Trägheit des Schwimmers kann die Öffnungsintervalle reduzieren. Diese Art der Wasserstandsregulierung ist an einen ständigen Wasserdruck gebunden, den wir erreichen, in dem wir den Wasserbehälter, der den Teich versorgt, höher als die Wasserfläche stellen, denn dann wird das Wasser der Schwerkraft folgend schon bei einer geringen Öffnung des Ventils nachfließen. Auch wenn das Wasser aus dem Leitungsnetz kommt, arbeitet diese Steuerung ohne Probleme. Liegt der Wasserbehälter jedoch unter dem Wasserspiegel, müssen wir auf eine Regelung durch ein schwimmergesteuertes Ventil verzichten, wenn wir nicht eine Pumpe haben, die mit einem Druckschalter gesteuert wird. Diese schaltet die Pumpe ein, wenn sich das Ventil öffnet und dadurch in der Leitung der Druck sinkt. Da die Pumpe hier aber schon bei sehr geringen Schwankungen des Wasserspiegels geschaltet wird, muss mit öfterem Schalten gerechnet werden, besonders bei Wellengang durch starken Wind. Durch eine geschützte Unterbringung des Schwimmers und dem zusätzlichen Einbau eines Druckkessels können die Störungen des Wellengangs vermieden werden.

Durch Schwimmschalter gesteuerte Wasserstandsregelung

Für eine bessere Regelung bieten sich Schwimmschalter an, die beim Sinken des Wasserspiegels auf eine bestimme Tiefe die

Beim Kauf eines Schwimmreglers und beim Betrieb mit einer Pumpe auf den Leitungsquerschnitt achten, damit der Durchfluss durch das Ventil nicht behindert wird und die Pumpe ihre volle Leistung bringen kann.

Pumpe ein- und bei Erreichen der Sollhöhe auch wieder ausschalten. Schwimmschalter gibt es in zwei Funktionsweisen: Direkt mit der Pumpe verbundene Schwimmschalter dienen der Entwässerung. Sie schalten beim Erreichen einer gewissen Wasserstandshöhe die Pumpe ein und, wenn eine bestimmte Tiefe erreicht ist, auch wieder ab. Andere Schwimmschalter hängen an einem Kabel, das auf eine bestimmte Länge fixiert ist und je nach Bedarf die Pumpe einschaltet, sobald der Wasserspiegel sinkt oder steigt.
Je nach Länge des freien Kabels mit dem Schwimmschalter liegen die Schaltpunkte enger zusammen oder weiter auseinander. Wird der Schalter kurz angehängt, ist die Differenz zwischen oberen und unterem Schaltpunkt klein, beim langen Kabel ist es umgekehrt.
Geschaltet wird der Schwimmschalter mit einer Metallkugel im Inneren des länglichen Schwimmers, die bei einer bestimmten Schräglage aus ihrem Lager am einen Ende zum Lager am anderen Ende rollt und so die Kontakte verbindet. Die Länge des Kabels, an dem der Schwimmschalter hängt, bestimmt den oberen und unteren Schaltpunkt.
Für die Wasserversorgung des Teichs benötigen wir eine Schaltung, die einschaltet, wenn der Wasserspiegel sinkt. Ferner brauchen wir eine Trennung

Schaumsprudler lassen sich durch eine einfache Zeitschaltuhr beliebig ein- und ausschalten. Mit einem Drehzahlregler kann man die Höhe des Sprudels verändern.

Bei allen Teichen, die über eine Zisterne bewässert werden, sollte der Überlauf des Teichs so angelegt werden, dass überschüssiges (Regen-)Wasser in die Zisterne laufen muss.

von Pumpe und Schalter. Der Schwimmschalter muss im Teich angebracht sein und einschalten, wenn der Wasserspiegel gesunken ist. Die Pumpe dagegen muss im Wasserbehälter stehen und solange Wasser in den Teich pumpen, bis der Schalter so hoch steht, dass die Kugel die Kontaktseite verlässt. Der von uns gewünschte, optimale Schaltbereich von 1–2 cm lässt sich damit leider nicht erreichen.
Die im Handel gebräuchlichen Schwimmschalter haben im Allgemeinen einen Schaltbereich um 10 cm oder mehr, was zwar nur eine grobe Wasserstandsregulierung im Teich zulässt und für viele Teichbesitzer jedoch reicht.

Magnetventile

Auch um Magnetventile einsetzen zu können, benötigen wir einen Wasserzulauf mit eigenem Druck. Das kann ein Tank oberhalb des Wasserspiegels sein, eine Pumpe mit Druckschalter oder eine normale Wasserleitung. Das Magnetventil hat keine eigene Steuerung. Um es einzuschalten braucht man noch einen Schalter – einen Niveau-Regler der den Wasserstand erkennt und das Magnetventil öffnet, sobald der Wasserspiegel wenige Zentimeter abgesunken ist. Der Einbau des Reglers ist verhältnismäßig einfach, wenn man nur auf die richtige Höhe achtet. Dazu können wir den Geber an das Magnetventil und den 24-V-Transformator anschließen und einmal prüfen in welcher Stellung er an- bzw. abschaltet.
Zum Einbau wird der Geber durch die Wand des Teichs geführt und mit einer Quetschdichtung befestigt. Hinter der Folie verbindet man das eine Kabel des Gebers mit einem Kontakt der Stromquelle und das andere Kabel mit einem Kontakt des Magnetventils. Der andere Kontakt des Ventils wird direkt mit dem 24-V-Trafo oder einer entsprechenden Batterie verbunden. Sinkt jetzt der Wasserspiegel, wird der Stromkreis geschlossen und das Magnetventil öffnet sich: Das Wasser kann in den Teich laufen. Magnetventile werden meist mit 12, 24 oder 48 Volt betrieben.

Fazit: Wasserstandsregelung durch Überlauf setzt ein Wasserreservoir mit einer Pumpe voraus. Schwimmer- oder Magnetventilsteuerungen verlangen einen Wasserdruck durch Gefälle, druckgesteuerte Pumpen oder Wasserleitungen.

Solarsysteme

Wo es keinen Stromanschluss gibt oder ein Stromanschluss zu teuer wäre, bietet sich die Solarenergie an. Solarenergie ist der neueste Trend, wenn von Energiesparen oder Umweltschutz gesprochen wird. Überall Licht und Strom ohne schmutzige Energie aus Kohle- oder Atomkraftwerken. Aber Solarstrom als Umweltschutz ist auch nicht billig, wenn wir die Kosten vergleichen. Im Vergleich zum Netzstrom ist er sogar mehr als doppelt so teuer. Andererseits macht staatliche Förderung in Deutschland die Erzeugung von Solarstrom in größerem Stil wirtschaftlich, und der Einspeisungspreis deckt die Erstellungskosten und wirft noch einen gewissen Gewinn ab.
Für Verbraucher ohne Stromnetz jedoch ist Solarstrom immer eine gute Alternative und meist billiger als eine lange Freileitung.
Der »Strom aus Sonnenlicht« wird durch Solarzellen erzeugt. Diese sind zwar noch gar nicht so lange in Gebrauch, jedoch einige grundsätzliche Dinge dazu schon lange bekannt. So weiß man bereits seit 1876, dass Licht beim Auftreffen auf Siliziumkristalle Elektrizität erzeugt.

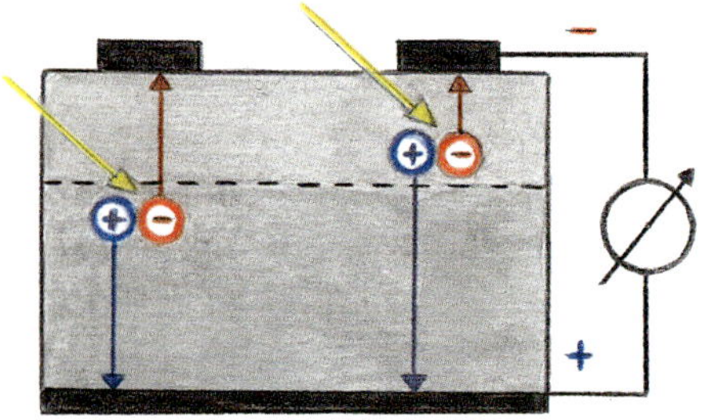

In der Siliziumschicht des Solarmoduls werden durch die Sonneneinstrahlung positive und negative Ladungen erzeugt.

Arbeitsweise der Solarzellen und -module

Der Grundstoff aller Solarzellen ist Silizium, das in kristalliner Form oder auch als amorphes Silizium verwendet werden kann. Das kristalline Silizium wird in einer nur wenige Mikrometer dicken Schicht auf einen mit einem elektrischen Leiter versehenen Träger aufgebracht. Auch auf der Oberseite werden an die Zellen dünne Leiter angelegt, die den elektrischen Strom ableiten. Durch die Energie der Sonneneinstrahlung werden in der Siliziumschicht Elektronen freigesetzt, von denen ein Teil über die angebrachten Leiter abgeleitet werden. Positive Ladungen wandern nach unten, negative Ladungen zum oberen Leiter. Werden die beiden Leiter mit einem Verbraucher verbunden, wird dieser mit Strom versorgt.

Da eine einzelne Solarzelle nur eine Spannung von knapp 0,6 V erzeugt, müssen entsprechend viele Solarzellen in einem Modul zusammengeschaltet werden. Kristalline Solarzellen haben einen Wirkungsgrad von etwa 14 %.

Solarmodule mit Dünnschichten aus amorphem Silizium lassen sich etwas billiger herstellen als kristalline, haben aber nur den halben Wirkungsgrad, benötigen also für die gleiche Energiemenge die doppelte Fläche und den doppelten Aufwand für die Montage.

Die Entwicklung brauchbarer Solarzellen begann Ende der 1950er-Jahre. Die ersten serienmäßig hergestellten Solarmodule verarbeiteten die eingestrahlte Sonnenenergie mit einem Wirkungsgrad von nur 4–5 %. Inzwischen haben gute Solarmodule einen Wirkungsgrad von 10–16 %, und er wird in der Zukunft mit weiteren Verbesserungen noch weiter steigen. Dieser optimale Wirkungsgrad wird jedoch nur bei senkrechter Einstrahlung und einer Temperatur des Moduls von 25 °C erreicht und mit dem internationalen Wert Wattpeak (Wp) bezeichnet. Der Begriff Wp setzt sich zusammen aus den Begriffen Watt und peak (= Gipfel oder in unserem Fall auch mit Optimum zu bezeichnen). Ein Solarmodul mit 100 Wp bringt also bei optimalen Bedingungen 100 W Leistung. Mit steigender Temperatur verringert sich der Wirkungsgrad etwas.

Da gute Solarmodule ihre Leistung auch über 25 Jahre und länger zu 80 % erbringen, ist durch sie eine langzeitige Stromversorgung gesichert. Man muss aber noch einige weitere Dinge beachten. Bei bedecktem, aber hellem Himmel kann die Leistung einer Solaranlage auf 1/8 oder 1/10 absinken. Solarmodule mit texturierter Oberfläche verringern die Reflexion der Einstrahlung und haben dadurch eine leicht verbesserte Lichtaufnahme. Auf diese Art behandelte Module nehmen auch flach liegend mehr Energie auf als solche mit reflektierenden Oberflächen.

Montage von Solarmodulen

Wie schon oben angedeutet, können die Module flach liegend eingebaut werden, und dies wird bei mobilen Einrichtungen auch vorwiegend angewendet. Beliebte Objekte sind Wohnanhänger, Wohnmobile oder auch Segelschiffe, wobei die Leistung der Module steigt, je weiter man in den Süden kommt, die Sonne steiler steht und öfter scheint. Fest installierte Module werden etwa im Winkel von 45 ° nach Süden ausgerichtet aufgestellt oder auf entsprechend geneigten Dächern angebracht. Bei flachen Dächern, die keiner weiteren Nutzung unterliegen, werden entsprechende Gestelle zur Montage benötigt. Im Garten bietet sich das Dach des Gartenhauses oder auch das flache Dach der Garage oder des Carports zur Aufstellung oder flachen Montage an. Man sollte jedoch darauf achten, dass die Beschattung so gering wie möglich ist.

Verwendung von Solarenergie im Garten

Für die Solarenergie gibt es im Garten die verschiedensten Anwendungen. Es beginnt mit den kleinen **Lampen,** die es überall zu kaufen gibt und die oben auf ihren Schirmen eine kleine Solarzelle haben, die einen Mini-Akku speist. Ein Dämmerungsschalter schaltet bei Einbruch der Nacht eine sparsame LED-Beleuchtung ein. Schon wenige Stunden Tageslichteinstrahlung reichen für die ganze Nacht aus.

Die einfachste Anwendung von Solaranlagen am Gartenteich besteht aus einer kleinen **Solarpumpe mit Fontänenaufsatz** und dem dazu passenden Solarmodul. Vielen reicht das, wenn ihre Solarpumpe läuft, solange sie am Teich sitzen, am Abend darf dann das Plätschern aufhören. Doch andere mögen mehr und Besseres. Da soll auch abends noch der schöne Springbrunnen laufen, vielleicht auch noch eine oder zwei Lampen brennen und ein Unterwasserstrahler die Fontäne beleuchten. Um das zu erreichen, muss man den Solarstrom speichern. Dazu benötigt man nicht nur ein ausreichend dimensioniertes Solarmodul, sondern auch noch eine entsprechende Solarbatterie (Akku).

Solarbatterien

Solarbatterien sind anders aufgebaut als Batterien für Autos, denn sie haben andere Aufgaben. Solarbatterien müssen eine verhältnismäßig geringe Strommenge über längere Zeiten zur Verfügung stellen, während Autobatterien, die auch Starterbatterien genannt werden, beispielsweise zum Starten kurzfristig sehr hohe Strommengen benötigen. So haben Starterbatterien ganz anders konstruierte

Einfache Solaranlage mit Modul, Pumpe, Schlauch und Auslauf in Form eines Kruges. Zur Stromspeicherung wären zusätzlich eine Solarbatterie und ein Laderegler nötig.

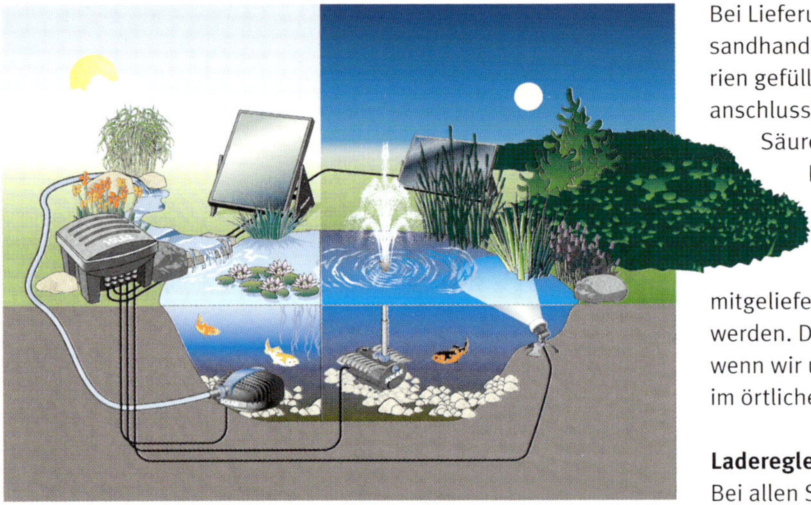

Eine vollständige Solaranlage mit aufeinander abgestimmten Komponenten. Zwei Solarmodule speisen den Laderegler mit Batterie und Steuereinheit. Damit wird eine Bachlaufpumpe durchgehend betrieben, die Fontäne und die Beleuchtung dagegen nur wenige Sunden täglich eingeschaltet.

Speicherzellen. Diese reagieren auch deutlich empfindlicher auf starke Entladungen, wie sie bei Solaranlagen doch des Öfteren vorkommen. Das führt sehr bald zum Versagen der Batterie. Solarbatterien sind deutlich robuster und speziell für diese Verwendung entwickelt worden. Sie bringen Leistungen bis 110 Ah, was für einen normalen Verbrauch einer Springbrunnenpumpe und ein paar 5 oder 10 W Lampen lang ausreicht. Sie können diese Leistung auch über ein bis zwei Wochen mit trüben Tagen bringen.

Neben diesen »normalen« Solarbatterien mit Säurefüllung gibt es noch andere mit einer Gelfüllung. Diese **Gel-Batterien** sind praktisch wartungsfrei, da die Gase, die beim Laden entstehen, vom Gel aufgenommen und am anderen Pol wieder abgebaut werden. Leider sind diese Batterien um etwa 150 bis 170 € teurer als Säurebatterien, bei denen man als wichtigste Pflegemaßnahme den Säurespiegel gelegentlich kontrollieren und mit destilliertem Wasser ergänzen muss. Kein Leitungswasser verwenden!

Bei Lieferung durch den Versandhandel werden Gel-Batterien gefüllt, aufgeladen und anschlussfertig geliefert. Bei Säurebatterien erfolgt die Lieferung aufgeladen und trocken. Vor Inbetriebnahme muss erst noch die mitgelieferte Säure eingefüllt werden. Dies entfällt natürlich, wenn wir unsere Solarbatterie im örtlichen Fachhandel kaufen.

Laderegler

Bei allen Solaranlagen mit Batterien wird der Strom vom Solarmodul nicht zum direkten Antrieb der Verbraucher genutzt, sondern er fließt der Batterie zu. Von dieser entnehmen die Verbraucher dann den nötigen Strom. Nun besteht aber die Gefahr, dass das Solarmodul mehr Strom und eine höhere Spannung produziert, als die Batterie aufnehmen kann. Wir sprechen dann vom Überladen der Batterie oder von einer Überspannung, und beides beeinträchtigt auf Dauer ihre Funktion. Andererseits kann es auch passieren, dass die Verbraucher der Batterie mehr Strom entziehen wollen, als sie gespeichert hat. Dann entsteht eine Tiefentladung. Da beide Zustände der Batterie schaden, benötigen wir zum

problemlosen Betrieb einer Solaranlage eine Schaltung, mit der sich solche Schädigungen vermeiden lassen: den Laderegler.
Laderegler sind elektronisch gesteuerte Geräte, die eine Vielzahl von Aufgaben beim Ladevorgang und bei der Stromabnahme regeln. So kann bei gutem Wetter und entsprechender Sonneneinstrahlung ein Modul Ladespannungen von mehr als 14,4 Volt erreichen, eine Spannung, die die Batterie durch Gasentwicklung beschädigen würde. Hier muss der Laderegler eingreifen, damit die Batterie nur langsam aufgeladen wird. Außerdem sollten alle gebräuchlichen Laderegler mit einer Schutzeinrichtung gegen die Tiefentladung der Solarbatterie ausgerüstet sein. Mit ihr schaltet der Regler die an ihn angeschlossenen Verbraucher ab, wenn die 12-Volt-Batterie nur noch eine niedrige Spannung um die 11 Volt abgibt. Da diese Spannung je nach Temperatur schwankt, der Regler aber die Temperatur mit in seine Berechnung einbezieht, sollten sich Regler und Batterie im selben Temperaturbereich befinden. Sonst kann es doch zu Schäden durch Tiefentladung an der Batterie kommen. Wenn Sie einen Laderegler kaufen, dann sollte sein Regelbereich den Wp des Moduls um etwa 20 % überschreiten.
Wer sich nicht mit solchen Problemen herumschlagen will, der ist immer auf der richtigen Seite, wenn er ein fertiges Solarsystem beim guten Fachhandel kauft. Wenn das für die geplanten Anwendungen nicht ausreicht, sollte man alle geplanten Komponenten zusammenstellen und dem Fachmann den Strombedarf seiner ganzen Verbraucher nennen und auch sagen, wie lange diese laufen sollen. Was soll die ganze Nacht laufen, was wird durch einen Dämmerungsschalter eingeschaltet und was soll sich nach vier, fünf oder sechs Stunden abschalten. Anhand dieser Angaben kann der Techniker die Kapazität des Akkus und die Leistung des Solarmoduls festlegen.
Natürlich kann man das auch selbst machen, und da alles im Niedervoltbereich liegt, kann auch nicht viel passieren. Einzig die Auswahl des Ladereglers kann eventuell etwas schwieriger sein, denn es gibt einfache Solarladeregler, die ihren Dienst unauffällig tun, und andere, zum mehrfachen Preis, die mit Leuchtdioden alle Funktionen und auch den Ladezustand des Akkus anzeigen. Eine wichtige Eigenschaft sollte der Laderegler auf jeden Fall haben: einen Schutz des Akkus vor Überladen und Tiefentladen. Bessere Geräte schalten vor einer Tiefentladung sämtliche Verbraucher aus – und wieder ein, sobald die Batterie wieder genug Energie gespeichert hat.

Das solarbetriebene Schwimm-Aggregat besteht aus einem Schwimmkörper mit einem aufgeklebten Solarmodul und einer unten angebauten Solar-Springbrunnenpumpe.

Teichfolien

An dieser Stelle soll kurz über die verschiedenen handelsüblichen Folien und deren Verarbeitung gesprochen werden. Für den Teichbau stehen neben den früher weit verbreiteten PVC-Folien auch EPDM- und seltener PE-Folien zur Auswahl.

PVC-Folien

Am billigsten lassen sich Folienteiche mit PVC-Folien anlegen. Doch auch da gibt es deutliche Preisunterschiede. So werden Folien mit 0,5/0,8/1,0 und 1,2 mm Stärke angeboten und dies noch in verschiedenen Qualitäten. Sehr gute PVC-Folien können doppelt so viel und mehr kosten wie Billigware.
PVC-Folien haben einen Nachteil: Die Herstellung ist wenig umweltfreundlich (Sevesogift), und die spätere Entsorgung kann möglicherweise problematisch oder auch kostspielig werden, weil manche Deponien größere PVC-Mengen als Sondermüll betrachten. Doch es gibt auch Hersteller, die ihre eigenen, mit dem eingeprägten Firmenlogo gekennzeichneten, gebrauchten Folien wieder zurücknehmen. Deshalb sollte man beim Kauf schon nach der Rücknahme von gebrauchten Folien fragen und sich die Rücknahmegarantie möglicht auf der Rechnung bestätigen lassen. Damit kann man vermeiden, dass man alte Teichfolien eventuell als Sondermüll entsorgen muss.

Ein Bachlauf mit einer Folienfalte als Staustufe, die über eine Kante gezogen wurde. Wenn die Kante in der Mitte noch etwas vertieft wäre, würde das Wasser etwas konzentrierter darüberlaufen.

Verarbeitung
Zum Verarbeiten der PVC-Folie sollte man sich einen warmen und sonnigen Tag aussuchen, da die Folie dann geschmeidig und biegsam ist und sich gut den örtlichen Gegebenheiten anpasst. Bei Temperaturen unter 10 °C werden die Folien so steif, dass ein Verlegen kaum noch möglich ist.
Manchmal muss man in die Folie einen Keil einsetzen, um bei Bögen oder Ecken die Spannung abzubauen. Diese Verbindungen kann man selbst sehr gut herstellen, denn viele Produzenten bieten **Kleber** an, die sich dazu eignen, Stücke einzusetzen oder zu verbinden. Wenn möglich, sollte man Kleber verwenden, welche die PVC-Folien-

stücke erst anlösen und dann verbinden.
Wenn auf landschaftsgärtnerischen Baustellen großflächig PVC-Bahnen verbunden werden müssen, werden sie **mit einem Heißluftgerät verschweißt:** Da PVC schmilzt, wenn es höheren Temperaturen ausgesetzt ist, kann man mit einem Heißluftgerät die Folie so weit erwärmen, dass deren Oberfläche zu schmelzen beginnt. Zum Verbinden von zwei Folien legt man sie etwa 6 cm breit übereinander und bläst dann zwischen die zwei Folien 350–400 °C heiße Luft. Dadurch werden die beiden Folienoberflächen zum Schmelzen gebracht. Nun müssen die heißen Flächen sofort mit einem Gummiroller in Richtung Nahtkante so aufeinandergerückt werden, dass sie sich gut verbinden und vorne an der Folienkante ein wenig geschmolzenes PVC austritt.
Tritt kein weiches PVC aus, war die Temperatur der Heißluft zu niedrig oder es wurde so schnell gearbeitet, dass die Folie sich nicht genug erwärmen konnte. Man merkt dies auch daran, dass man mit einem Nagel in die Fuge zwischen den beiden Folien eindringen kann. In diesem Fall muss nachgearbeitet werden. Wenn beim Verschweißen Rauch aufsteigt, wird die Folie zu heiß und verbrennt. Hier hilft entweder ein Reduzieren der Temperatur des Heißluftgeräts oder, für den, der es kann, ein schnelleres Arbeiten. Da dieser Rauch auch gesundheitsschädlich ist, muss möglichst vermieden werden.

EPDM-Folien

Von der Qualität her ist die 1 mm starke EPDM-Folie die beste, aber auch die teuerste Wahl. EPDM ist die Bezeichnung für einen synthetischen Kautschuk, der absolut UV-beständig und umweltfreundlich ist und sich auch bei Kälte gut verarbeiten lässt. EPDM-Folien werden umweltfreundlich produziert und unterliegen daher auch keiner Beschränkung bei der Entsorgung. Sie können in jeder Müllverbrennung verbrannt werden. Auf diese Folien werden 20–30 Jahre Garantie gegeben.

Verarbeitung

Die Verarbeitung wie Einsetzen von Keilen, Reparaturen oder Verbinden von mehreren Folienbahnen ist bei vielen Fabrikaten möglich. Die meisten Hersteller werben damit, dass man diese Folien selbst mit einem Kleber verbinden oder auch reparieren kann. Das ist wichtig, wenn Keile eingesetzt, Folien verbunden oder Anschlüsse von Bachläufen gemacht werden müssen.
Da die Art der Verklebung fast bei jedem EPDM-Hersteller anders ist, sollte man sich nach deren Gebrauchsanweisung richten und immer nur den Kleber verwenden, der vom Folienhersteller empfohlen wird. Es kann sonst passieren, dass die Verbindung unsicher ist oder sich sogar ganz löst.
Werden in EPDM-Folien Schnitte gemacht, können diese leicht weiter einreißen. Um das zu vermeiden, empfehlen einige Hersteller am Ende des Schnittes

Exakt runde Löcher lassen sich nur schwer in eine Folie schneiden. Mit einem Hammer und einer scharfkantigen Unterlage ist es einfacher (siehe dazu auch Seite 12).

Sparen Sie nie bei der Folienqualität. Gute Folien lassen sich besser verarbeiten und halten deutlich länger als billigere Versionen. Sie können das Verkleben von Folien auch von einem Fachmann durchführen lassen.

Bei Foliendurchgängen mit schmalen Quetschdichtungen sollten die Löcher am Rand durch eine doppelte Folie verstärkt werden. So wird ein Ausreißen der Folie verhindert.

eine kleine Rundung zu schneiden. Sie soll ein weiteres Reißen bremsen und muss mit der eingesetzten Folie weit überklebt werden. Bei Durchführungen mit breitem Flansch und somit einer größeren Fläche zum Abdichten ist eine Doppelung nicht nötig.

PE-Folien

Einen gewissen Marktanteil haben sich auch die ziemlich preiswerten PE-Folien erobert. Folien aus PE (Polyäthylen) sind in Produktion und Entsorgung genauso umweltfreundlich wie EPDM-Folien. Die Verbindung von einzelnen Planen oder das Einsetzen von Keilen oder Flicken erfolgt mit einem Klebeband.

Weitere Verarbeitungstipps

Rohr- oder Kabeldurchführungen

Noch etwas zur Verarbeitung von Folien, egal ob es sich um EPDM-, PE- oder PVC-Folien handelt. Rohr- oder Kabeldurchführungen durch die Folie werden mittels einer Quetschdichtung mit der Folie verbunden. Um bei Spannungen in der Folie ein Ausreißen an der Quetschdichtung zu vermeiden, sollte auf die Folie zur besseren Zugentlastung eine zweite Folie vollflächig aufgeklebt werden, bevor man das Loch in die Folie schneidet. Diese doppelte Folie soll mindestens in 10 cm Breite rund um das Loch reichen, um die Zugspannungen aufzufangen. Das Gleiche gilt auch für Bodenabläufe an der tiefsten Stelle des Teiches.

Hinweise zum Kleben von Folienstücken

Immer wieder hat es der Autor erlebt, dass Teichbesitzer versuchen, Folien oder auch Löcher in der Folie mit Silikon-Kitt oder auch Acryl-Kitt zu kleben. Meistens sind diese Versuche erfolglos, da sich diese Kleber oder Kitte lösen und die Undichtigkeit sofort wieder auf tritt. Verwenden Sie daher nur die Kleber, die in den Reparatursets der Hersteller enthalten sind.

Wer öfter Dichtungsprobleme zu lösen hat, und zwar nicht nur bei Folien, dem sei »Innotec Adheseal« empfohlen. Dies hilft dem Autor und seinen Kunden schon seit Jahren, und er verwendet es auch, um Folien an Durchführungen zu doppeln.

Es wird in den handelsüblichen Kartuschen geliefert und kann mit den üblichen Kartuschespritzen verarbeitet werden.

Vor dem Einsatz müssen die Folien oder andere Untergründe allerdings absolut sauber sein und eventuell mit einem Reiniger nachgearbeitet werden.

Das Adheseal wird mit der Spritze zwischen die sich 6–8 cm breit überlappenden Folien aufgetragen, dann werden beide Folien am besten mit einer Rolle zusammengedrückt. Dabei sollte etwas von dem Adheseal an

der Nahtkante austreten und mit einem Spachtel oder Ähnlichem zu einer durchgehenden Verbindung geglättet werden. Tritt kein Adheseal aus, muss noch mal etwas nachgespritzt und angedrückt werden.
Noch eine Bemerkung zu Haltbarkeit: Wenn man eine Kartusche Adheseal nicht ganz aufbraucht, sollte man zum Schluss immer noch etwas Kitt aus der Kartusche drücken, denn der Kitt vorne in der Spritzöffnung wird hart. Hat man etwas Adheseal herausgedrückt, kann man beim nächsten Gebrauch an dem herausschauenden Ende den verhärteten Stopfen mit der Hand aus der Spritze ziehen.
Für kleinere Reparaturen gibt es das Adheseal auch in Tuben, die sich nach Gebrauch wieder gut verschließen lassen.

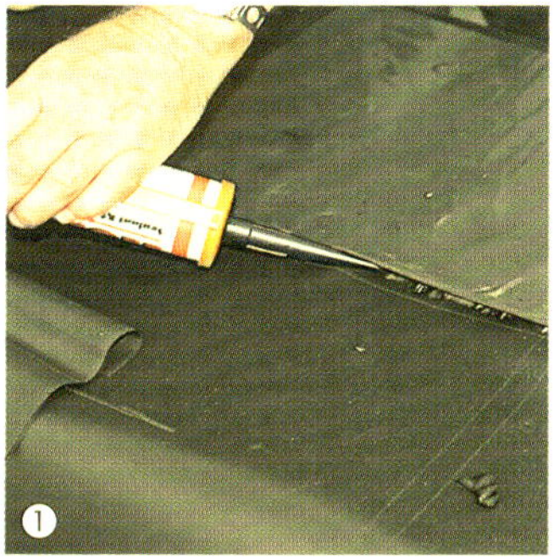

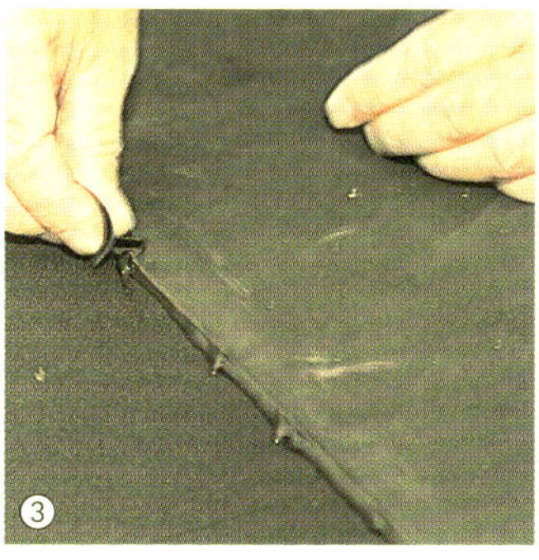

So werden EPDM-Folien verklebt:
① Der Kleber wird reichlich zwischen die beiden Folien gespritzt. ② Die Folien zusammenpressen, bis der Kleber austritt. ③ Überschüssigen Kleber abnehmen und glätten.

Folienteich mit schmaler Uferzone und Bachlauf. Bacheinläufe sollten immer direkt mit der Teichfolie verbunden werden. Einfach übereinander gelegte Folien bilden Kapillarbrücken.

Technisches Zubehör

Neben den technischen Einrichtungen am und im Teich gibt es noch einige Dinge, die uns die Pflege etwas erleichtern oder zur Verbesserung des Teichklimas dienen. So können einige kleinere Probleme auftreten, seien es Sauerstoffmangel, Laubeintrag oder absterbende Pflanzenteile und damit verbunden eine unerwünschte Schlammbildung.

Schlammsauger arbeiten mit einem Vakuum, das zum automatischen Entleeren unterbrochen wird. Verschiedene Saugdüsen erleichtern die Arbeit.

Schlammsauger

Teiche mit größerem Fischbesatz, mit sehr dichter Bepflanzung oder im Bereich größerer Bäume können im Laufe des Jahres größere Mengen an Schlamm ansammeln. Wenn diese Schlammschichten höher als 1,5–2 cm werden, kann es in tieferen Schichten zu einem anaeroben Abbau der organischen Ablagerungen kommen, was die Wasserqualität verschlechtert. Außerdem können gründelnde Fische diesen Schlamm ständig aufrühren, was zu Wassertrübung führt. Um diesen Dingen vorzubeugen, sollte man den Schlamm entfernen.

Früher hat man dazu den Teich ausgepumpt, eventuell die Fische gefangen und in einen Bottich gesetzt, den Schlamm herausgeschaufelt und vielleicht auch noch die Folie gesäubert. Das war nicht nur eine Knochenarbeit, sondern es wurde auch das natürliche, biologische Gleichgewicht im Teich sehr stark gestört und es brauchte geraume Zeit, bis das wieder in Ordnung kam. Mit einem Schlammsauger ist dieses deutlich leichter und schneller zu lösen. Die meisten Schlammsauger arbeiten mit einem Vakuum, das in dem Behälter durch Absaugen der Luft entsteht. Auf der Saugseite haben wir einen langen Saugschlauch mit einem verlängerbaren Saugrohr am

Für größere Aufgaben und auch gröberes Material gibt es spezielle robuste **Schlammpumpen,** die direkt mit dem Saugschlauch verbunden werden. Es sind Membranpumpen, die außer den stabilen Ventilen keine Teile haben, die durch Reibung verschleißen könnten.

Ende. Ein Satz verschiedener Düsen erlaubt eine feinere oder gröbere Reinigung des Teichbodens vom Schlamm. Beim Einschalten des Geräts füllt sich der Behälter durch den Unterdruck bis zu einer bestimmten Höhe, dann schaltet sich der Saugmotor ab und es öffnet sich ein Ablaufventil, an das ein Schlauch angeschlossen ist. Den abfließenden, nährstoffreichen Schlamm kann man in eine Pflanzung oder in eine Grube leiten, wo er austrocknet. Ist alles aus dem Behälter rausgelaufen, beginnt das Gerät erneut mit Saugen. Neben den Düsen für die Bodenabsaugung verfügen einige Geräte auch noch über eine spezielle Algendüse, mit der man die unangenehmen Fadenalgen einsaugen kann; doch muss man aufpassen, dass die Algenpolster nicht zu dick sind, sonst verstopfen die Rohre. Da gewöhnliche Schlammsauger nur eine Kammer haben, die gefüllt wird und dann wieder abläuft, ist nur eine rhythmische Arbeitsweise möglich. Gute, weiterentwickelte Schlammsauger arbeiten mit zwei Kammern, die sich wechselseitig füllen und entleeren und dadurch ein kontinuierliches Arbeiten ermöglichen.

Kleingeräte zur Teichpflege

Kescher dürfen an keinem Teich fehlen. Man benötigt sie eigentlich täglich, um irgendetwas aus dem Teich zu fischen, seien es Blätter, Papier, einen Ball, vielleicht auch mal ein Tier oder um die unbeliebten Fadenalgen zu entfernen. Ob wir für die verschiedenen Einsatzarten jeweils einen eigenen Kescher benötigen, wie sie manche Händler anbieten, sei dahingestellt. Wichtig ist allein, dass der Kescher so groß ist, dass ein zappelnder Fisch nicht gleich wieder herausfällt. 25 bis 30 cm Durchmesser und gleiche Tiefe bei einer Maschenweite um 5 bis 8 mm sind meist ausreichend.

Kescher zum Abfischen sollten nicht zu klein und die Stiele auch nicht zu kurz sein.

Blattschere (oben) und Greifer (unten) an langen Stielen erleichtern es uns, den Teich sauber zu halten.

Teichscheren sind eine empfehlenswerte Ergänzung zur Teichpflege. Gerade wenn man Probleme mit einer Nährstoffanreicherung im Teich hat, ist es wichtig, dass abgestorbene Pflanzenteile, verblühte Seerosen oder gelbe Seerosenblätter abgeschnitten werden. Mit ihren langen Stielen machen das die Teichscheren möglich, ohne dass man dazu ins Wasser steigen muss.

Teichzangen können in bestimmten Situationen einen Kescher ersetzen, um kleine oder größere Teile zwischen anderen herauszunehmen. Durch den verhältnismäßig langen Stiel lassen sich auch tiefer liegende Dinge aus dem Wasser holen.

Belüfter

Stark mit Fischen besetzte Teiche und Teiche mit größeren Mengen an Pflanzenresten benötigen eine ständige Sauerstoffzufuhr, damit Abfallstoffe abgebaut werden können. Da kann es schon passieren, dass der Sauerstoffaustausch durch die Wasseroberfläche, durch Fontänen oder Sprudler und durch Bachläufe nicht ausreichend ist, um den Sauerstoffbedarf zu decken. Um zusätzlich Sauerstoff in den Teich zu bringen kann man in solchen Fällen mit einem Belüfter weitere Luft in den Teich pumpen.

Die im Wasser ausströmende Luft darf jedoch nicht in großen Blasen aufsteigen, sondern sie muss es in sehr vielen und sehr kleinen Bläschen tun. Mineralische, stark poröse Ausströmsteine, die auf das Ende des Luftschlauchs gesteckt werden, zerteilen mit ihren schmalen Kanälen den Luftstrom der Pumpe in feine, kleine Bläschen, die durchs Wasser nach oben streben. Diese große Menge feine Bläschen hat eine bedeutend größere Oberfläche als eine große Blase und kann dadurch weit mehr Sauerstoff an das Wasser abgeben.

Belüfter sind nur bei Sauerstoffmangel nötig, etwa bei hohem Fischbesatz oder dickem Bodenmulm. Der Luftfilter muss öfter gereinigt werden.

Belüfter oder Luftpumpen sind einfache Wechselstrom-Membranpumpen. Sie haben in ihrem Ansaugbereich einen Feinstaubfilter, meistens mit einem Filterpapier ausgerüstet, damit kein Staub durch die Pumpe in den Ausströmer gelangt und dort dessen feine Poren verstopft. Dieses Filterpapier muss man öfters wechseln, denn der feine Staub macht es langsam undurchlässig und damit sinkt natürlich die Leistung der Pumpe. Belüfter lassen sich gut mit einem einfachen Eisfreihalter (ohne angeschlossene Pumpe) kombinieren. Man hängt dazu den Schlauch mit dem Ausströmstein etwa 60 cm unter die Mitte des Eisfreihalters. Damit erreicht man neben der Belüftung des Wassers durch die aufsteigenden Bläschen auch eine leichte aufsteigende Strömung des etwas wärmeren Wassers nach oben.

Eisfreihalter

Wenngleich auch in der Natur die Teiche zufrieren und niemand »Atemlöcher« ins Eis schlägt, so wird doch immer wieder empfohlen, eine offene Stelle im Eis zu erhalten, um Gasen die Möglichkeit zu geben zu entweichen. Von der Methode, Löcher ins Eis zu hacken oder zu sägen, ist auf jeden Fall abzuraten, denn die meisten Beschädigungen an Teichfolien gehen darauf zurück. Außerdem werden die Fische, die mit reduziertem Stoffwechsel den Winter im Teich überdauern

müssen, erheblich in ihrer Winterruhe gestört.
Wenn eine Entlüftung wirklich nötig ist, bieten sich Eisfreihalter an. Die einfachsten bestehen aus einem 30–40 cm großen und bis 20 cm tiefen Styroporring, der so stark beschwert wird, dass er nur noch ein paar Zentimeter über die Wasserfläche ragt. Oben wird er mit einem gut schließenden Deckel ebenfalls aus Styropor abgeschlossen. Einige Luftkanäle ermöglichen den nötigen Luftaustausch.

Eisfreihalter mit Heizelement

Um ohne Wasserumwälzung auch im Winter eine eisfreie Stelle im Teich zu erhalten, bietet sich eine Wärmequelle in Form eines Heizstabs mit einer Leistung von etwa 100 bis 200 Watt an. Dazu gibt es schwimmende Heizstäbe mit einer Leistung von 150 Watt im Angebot. Der mit einer Temperaturregelung ausgestattete Eisfreihalter ist mit einem Schwimmkörper kombiniert. Er schaltet sich nur bei Minustemperaturen ein und hat dadurch einen verhältnismäßig geringen Stromverbrauch. Der Vorteil dieses Eisfreihalters liegt darin, dass weder mit einer Pumpe noch mit einem Belüfter das wärmere Wasser der tieferen Schichten umgewälzt, also nach oben gebracht und abgekühlt wird, sondern dass nur das 0 bis 1 °C warme Wasser der oberen Schicht erwärmt wird.

Eisfreihalter mit Heizelement verbrauchen etwa 150 Watt, sind aber die bessere Lösung als solche mit Pumpe.

Eisfreihalter mit Pumpe

Es gibt aufwändigere Eisfreihalter, die mit einer Pumpe betrieben werden, die mit einem Schlauch unter dem Eisfreihalter angehängt ist und 2–3 °C warmes Wasser aus der Tiefe nach oben pumpt. Dabei kühlt das Wasser ab, und so wird das gesamte Wasserpolster über dem Teichboden langsam immer kühler. Damit bei sehr langen Frostperioden die Fische unten im Teich nicht erfrieren, darf die Pumpe nicht bis auf den Boden reichen. Es sollten mindestens 30 cm Freiraum unter der Pumpe bleiben.

Eisfreihalter mit Pumpe sind problematisch, weil sie 4 °C warmes Wasser in den 0 °C-Bereich pumpen und das Teichwasser weiter abkühlen.

auf einen blick

- Bei Folien macht sich Qualität bezahlt. EPDM-Folien sind umweltfreundlich und lassen sich besonders gut verarbeiten. Gute PVC-Folien sind billiger, aber nicht umweltfreundlich und bei Kälte schlecht verarbeitbar. PE-Folien sind eine bessere Alternative.
- Schlammsauger helfen bei der Bodenreinigung des Teiches. Geräte mit zwei Saugkammern arbeiten kontinuierlich, solche mit einer Saugkammer nur stoßweise.
- Eisfreihalter mit Heizelement sind anderen Modellen vorzuziehen.

Wartungsarbeiten im Jahreslauf

Auch an einem Gartenteich arbeitet die Zeit, und an den Geräten werden Gebrauchsspuren sichtbar. Viele technische Geräte müssen in bestimmten Abständen gewartet, manche zum Winter hin stillgelegt oder aus dem Wasser genommen werden. Nachfolgend eine monatliche Auflistung der wichtigsten Dinge, die es rund um den Teich zu beachten gilt, will man auf Dauer Freude an seinem Gartengewässer haben.

Januar

Pumpen: Bachlaufpumpen im tiefen Wasser lässt man bei frostfreiem Wetter, möglichst bei Temperaturen über + 5 °C, einmal kurz laufen, damit sie sich nicht festsetzen. Gleiches gilt für Filterpumpen, die unter Wasser verbleiben und die man auch bei Eisbildung laufen lassen kann.

Absterbendes Laub im Herbst muss entfernt werden. Es kann im Winter dem Wasser beim Abbau zu viel Sauerstoff entziehen, und die Fische könnten ersticken.

Februar

Pumpen: Überwinternde Pumpen einmal kurz laufen lassen.
Belüfter: Wenn ein Belüfter für den Eisfreihalter eingesetzt ist, den Feinstaubfilter kontrollieren.

März

Pumpen: Ende des Monats können bei offenem Wetter alle frostfrei überwinterten Pumpen wieder angeschlossen und in Betrieb genommen werden. Bachlaufpumpen können wieder eingeschaltet werden.
Filteranlagen: Bei Temperaturen über 10 °C können die Filter wieder aktiviert werden. Damit sich das Bakterienleben in den Filtern wieder voll entwickeln kann, werden erst die Abläufe geschlossen und dann das Filtermaterial eingebaut und der Filter wieder in Betrieb genommen.
Skimmer: Die ausgebauten Skimmer werden wieder angeschlossen.
Beleuchtungen: Unterwasserscheinwerfer und -lampen können wieder angeschlossen werden. Sollten Scheinwerfer in frostfreier Tiefe überwintert haben, werden die Scheiben gereinigt, damit man wieder die volle Lichtausbeute erreicht.

Ab Ende März, wenn die Wassertemperatur über 10 °C ansteigt, können die Filter wieder in Betrieb genommen werden.

April

UVC-Vorklärer: Mit der Erwärmung des Wassers und bei Beginn einer Wassertrübung wird der UVC-Vorklärer wieder eingeschaltet. Man kann ihn aber schon vorher in den Filterzulauf einbauen.
Filteranlagen: Verschmutzung kontrollieren und bei Bedarf reinigen.
Skimmer: Verschmutzung kontrollieren und bei Bedarf reinigen.

Mai

UVC-Vorklärer: Verschmutzung kontrollieren und bei Bedarf reinigen.
Filteranlagen: Verschmutzung kontrollieren und bei Bedarf reinigen.
Skimmer: Verschmutzung kontrollieren und bei Bedarf reinigen.
Beleuchtung unter Wasser: Verschmutzung kontrollieren und bei Bedarf reinigen.

Juni

Belüfter: Feinfilter Verschmutzung kontrollieren und bei Bedarf reinigen.
UVC-Vorklärer: Verschmutzung kontrollieren und bei Bedarf reinigen.
Filteranlagen: Verschmutzung kontrollieren und bei Bedarf reinigen.
Skimmer: Verschmutzung kontrollieren und bei Bedarf reinigen.

Da im Frühjahr oft viele Blütenblätter in den Teich geweht werden, sollte man bei Bedarf den Teichboden absaugen.

Juli

Filteranlagen: Verschmutzung kontrollieren und bei Bedarf reinigen.
Pflanzenkläranlagen: Organische Masse durch Rückschnitt der Pflanzen reduzieren. Abgeschnittenes Pflanzenmaterial kompostieren oder entsorgen.
UVC-Vorklärer: Verschmutzung kontrollieren und bei Bedarf reinigen.
Skimmer: Verschmutzung kontrollieren und bei Bedarf reinigen.
Beleuchtung unter Wasser: Glas reinigen.
Schlammsauger: Bei Bedarf den Teichboden absaugen.

August/September

Filteranlagen: Verschmutzung kontrollieren und bei Bedarf reinigen.
UVC-Vorklärer: Verschmutzung kontrollieren und bei Bedarf reinigen.
Skimmer: Verschmutzung kontrollieren und bei Bedarf reinigen.

Oktober

Belüfter: Beim Belüfter sollte man wieder einmal den Feinstaubfilter kontrollieren.
Pumpen: Mit Beginn des Laubfalls kann das Filtergehäuse von Blättern verstopft werden; von jetzt an regelmäßig kontrollieren und bei Bedarf reinigen.
Filteranlagen: Verschmutzung kontrollieren und bei Bedarf reinigen.
Skimmer: Verschmutzung kontrollieren und bei Bedarf reinigen.
Beleuchtung im Garten: vor der dunklen Jahreszeit überprüfen.

November

Pumpen: Bei Bachlaufpumpen, die im Wasser überwintern, muss das Filtergehäuse vor dem Wintereinbruch gesäubert werden. Das gilt auch für Filterpumpen, nur dass man dort den Schlauch an der Pumpe löst oder vor dem Filter unterbricht, damit nicht der Filter wieder gefüllt wird.
Filteranlagen: Filterbehälter und Filtermaterial reinigen. Behälter mit offenem Ablauf zudecken. Filtermaterial je nach Empfehlung des Herstellers im Wasser oder trocken und frostfrei lagern.

Beleuchtung unter Wasser: Wenn sie nicht in frostfreier Tiefe stehen, müssen sie herausgenommen und gereinigt werden.
Schlammsauger: Vor Wintereinbruch kann man noch den Bodenschlamm absaugen, wenn er mehr als 2 cm dick auf den Teichboden liegt. Dies erleichtert den Fischen die Überwinterung.

Dezember

Pumpen: Durchgehend laufende Bachlaufpumpen müssen abgestellt werden, wenn die Temperatur unter +4 °C absinkt, damit das Teichwasser nicht zu stark abkühlt.
Belüfter: Eisfreihalter stationieren und mit Belüfter versehen.
Pflanzenkläranlagen: Abgestorbene Pflanzenreste entfernen, Pflanzen zurückschneiden.

Das eingetragene Laub sollte schon etwas zersetzt sein, wenn es abgesaugt wird, da dann die Saugdüse nicht so leicht verstopft.

Bezugsquellen und Adressen

Bezugsquellen

OASE GmbH
Postfach 2089
48469 Hörstel
Tel.: 0 54 54 / 80-0
Email: info@oase-pumpen.com
www.oase-pumpen.com
Beratung:
OASE Teichfreund
www.oase-teichfreund.com
Gebührenfreie Hotline:
Deutschland: 0800 / 6 27 37 58
Österreich: 0800 / 29 34 75

GARDENA
Deutschland GmbH
89070 Ulm
Tel.: 0731 / 490-248
Email: bw.service@gardena.com
www.gardena.com
www.gardena.de/teichberater

Heissner AG
Schlitzer Str. 24
36341 Lauterbach
Tel.: 0 66 41 / 86-0
Email: info@heissner.de
www.heissner.de

Ubbink Garten GmbH
Postfach 2454
Tel.: 0 28 71 / 21 01-0
Email: info@ubbinkgarden.com
www.ubbinkgarden.com
für Deutschland und Österreich

Held
Teichsysteme
info@held-teichsysteme.de
www.teichmeister.de

Natur und Garten GmbH
Riesenbecker Str. 63
49479 Ibbenbühren-Dörenthe
Tel.: 0 18 05 / 93 41 00
(12 Cent/Min.)
Email: info@naturagart.com
www.naturagart.com

re-natur GmbH
Charles-Roß-Weg 24
24601 Ruhwinkel
Tel. 0 43 23 / 90 10-0
Email: info@re-natur.de
www.re-natur.de

In Österreich:

GARDENA
Österreich Ges.m.b.H.
Stettnerweg 11-15
A-2100 Korneuburg
Tel.: 0 22 62 / 7 45 45-0
Email: info@garden.at

In der Schweiz:

GARDENA (Schweiz) AG
Bitziberg 1
CH-8184 Bachenbülach

Adressen

Informationen zu Teich und Technik erhalten Sie auch über folgende Adresse:

Gesellschaft der Wassergarten-freunde
Am Rübsamenwühl 22
67346 Speyer
Tel.: 0 62 32 / 6 30 40
Email: gaertnerei-germann@t-online.de
www.wassergarten.de

Stichwortverzeichnis

Seitenzahlen mit * verweisen auf Abbildungen

12-V-Beleuchtung 61*, 62
12-V-Trafo 65
230-V-Netz 10
230-V-Wechselstrom 61
24-V-Trafo 75

Ablaufventil 85
Absperrhahn 25, 33
Acryl-Kitt 82
Adheseal 39, 40, 41, 83
Akku 64, 79
Akkumulator 7
Algen 47, 50, 57
Algenbefall 57
Algenwachstum 37, 47
Ampere 9
Ansaugleitung 17, 24
Ansaugöffnung 16
Anschlusskabel 62*
Antrieb 19, 20
Antriebsenergie 19
Asynchron-Pumpen 69
Asynchronmotor 20*
Atemlöcher 86
Aufnahmekapazität 50
Auslassventil 15, 16
Auslauf 45
Auslauftopf 33
Außenbeleuchtung 61
Ausströmer 86
Ausströmsteine 86
Autobatterien 77

Bachbett 36, 37, 39, 41, 43
Bachfolie 42
Bachlauf 18, 19, 31, 33, 35, 35*, 36*, 37, 38, 38*, 39, 40, 43, 44, 45, 49, 50, 54ff., 86
Bachlauf, oberflächig abfließender 36, 43
Bachlaufelemente 43
Bachlaufgestaltung 44
Bachlaufpumpe 17, 18, 23, 25, 26, 31, 55
Bachlaufschalen 43
Bachquerschnitt 43*
Bakterien 47, 48, 52, 54, 56, 57
Bakterien, anaerobe 47
Bakterienkulturen 51
Bakterienleben 52
Batterie 79
Baumaterial 37
Bazillen 57
Beipass 57
Beipassfunktion 57
Beleuchtung 10, 61, 63, 64, 65, 67, 68, 69, 88ff.
Beleuchtungsset 26, 63
Belüfter 86, 86*, 89, 90, 91
Bepflanzung 37, 58
Betriebsdruck 17, 18
Bewässerungsanlage 18
Blattschere 85*
Bodenablauf 56, 72, 82
Brunnenwasser 47

Dämmerungsschalter 65, 68, 69, 77, 79
Dauerbetrieb 19
Dichtungslippen 30
Dimmer 9*, 20, 25, 69, 70
Doppelpumpen 25
Drehstrom 7
Drehzahlsteller 20
Druckfilter 54, 54*, 55*
Druckkessel 15
Druckleitung 16, 25
Druckschalter 15, 18, 73
Druckstutzen 19, 25, 32, 33
Druckverlust 31
Dünger 50
Durchfluss 31
Durchflussmenge 58
Durchführung 11*, 82
Durchmesser 31

Eichhornia crassipes 49
Einlassventil 15, 16
Einschweißen 40
Einstrahlung 76
Eis 26, 86
Eisenrohre 29
Eisfreihalter 86, 87, 87*
Eleocharis palustris 48
Energieverbrauch 23
Entladungen 78
Entlüftung 87
Entsorgung 80, 81
Entwässerung 74
EPDM-Folie 40, 80, 81, 82, 83*
Erdkabel 11

Fächer 35
Fallhöhe 45
Farbscheiben 62, 64
Faulgas 47
Fehlerstrom-Schutzschalter 9
Feinsiebe 54
Fernbedienung 25, 25*, 70*
Fernsteuerung 25, 70
Fertigbecken 11
Fertigelemente 42*
Fertigfilter 51, 52*
Fertigteich 11*, 54
Feuchtraumschalter 67
Feuchtraumverteilerdose 13
Filter 19, 23, 51, 53, 55, 57, 58, 72
Filter-Sets 58
Filteranlage 18, 55, 56, 58, 71, 72
Filteranlagen 24, 51, 52, 53, 54, 69, 71, 88, 89, 90
Filtereinheit 54, 56
Filtereinsätze 53
Filterelemente 43
Filterflächen 23
Filtergehäuse 23, 24, 25, 27, 53, 55
Filtermaterial 50, 51, 52, 55
Filtermatten 53
Filterpapier 86
Filterpumpe 23, 24, 25, 25*, 26*, 53, 58, 59, 67, 68
Filterreinigung 55
Filterschwämme 52*, 53, 54
Filterset 50
Fischaufzucht 54
Fischbesatz 47, 52, 58, 84
Flachwasserzone 59
Fließgeschwindigkeit 43, 43*, 44, 45
Flügelrad 20*, 27
Folie 11, 12, 36, 42, 59, 72, 75
Folienbahn 39, 41, 42
Folienbreite 39
Foliendurchgänge 82*
Folienfalte 39, 80*
Folienqualität 81
Folienteich 11*, 83*
Fontäne 26, 34*, 35, 62, 63*, 64, 86
Fontänenaufsatz 77
Förderhöhe 18, 21, 22, 23, 31, 71
Förderhöhe, maximale 21, 22*
Fördermenge 21, 22, 23, 31
Fördermenge, maximale 21, 22*
Frequenz 7, 23
Froschlöffel 44
Frostgefährdung 27
Funk 69
Funksteuerungen 70

Gartenbeleuchtung 10, 61, 65
Gartenteich 38, 58, 69
Gartenteiche 51, 64
Gartenteichpumpe 19, 22, 24
Gefälle 36, 37, 39, 49
Gel-Batterien 78
Gestaltung 39
Gleichgewicht, biologisches 57, 84
Gleichrichter 8
Gleichstrom 7, 7*, 8
Gleichstrom-Generator 7
Glockenprimel 44
Greifer 85*
Grobfilter 23*, 25, 55

Halogenleuchten 65
Hart-PVC 29, 29*
Hart-PVC-Rohre 30
Hauswasserversorgung 18
Heißluft 40, 81
Heißluftgerät 81
Heizelement 87
Heizstab 87

Innotec Adheseal 82
Iris pseudacorus 48

Kabel 11
Kabeldurchführung 11, 11*, 12
Kapillarbrücken 71
Kapillarität 42
Kapillarsperre 35, 36, 37, 39, 44
Keime 57
Kellerentwässerung 72
Keramik 21
Keramiklager 20*
Kescher 59, 85, 85*
Kiesfilter 47
Klärbeet 49, 49*, 50
Klärung 49
Klärzone 47*
Kleber 80
Kleintiere 47, 48
Koi 58
Kolbenpumpe 15, 16, 16*
Komplettfilter 51*
Kraftstrom 7
Kreiselpumpe 16, 16*, 17, 17*, 18
Kreislauf, geschlossener 71

Kunststoff 54

Laderegler 78, 79
Ladevorgang 79
Ladezustand 79
Lager 21
Lampen 61, 77
LED-Beleuchtung 64, 77
LED-Leuchtringe 65*
LED-Scheinwerfer 65
LED-Technik 64
Leistung 21, 22, 25, 26, 37, 54, 58, 59, 62, 76, 78
Leistungsabfall 31
Leistungsaufnahme 18, 23, 69
Leitung 21, 29, 67
Leitungsdurchmesser 31
Leitungsquerschnitt 10
Leuchtdioden 64, 65
Leuchten 61, 62
Leuchtmittel 62
Leuchtringe 65
Lichtaufnahme 76
Lippendichtung 19
Löcher, runde in der Folie 81*
Luftpumpen 86

Magnet 20
Magnetfeld 8, 20
Magnetkern 8
Magnetventile 75
Membranpumpe 16, 16*
Messing-Verschraubungen 30
Mini-Akku 77
Minuspol 7, 19
Modul-Anlagen 54
Montage 77

Nährstoffe 47ff., 54, 59
Nährstoffe, stickstoffhaltige 54
Nährstoffeintrag 47
Nahtkante 83
Nassläufer 21
Netzspannung 8
Niederspannung 10, 64
Niedervoltbereich 61
Nitrate 47, 50, 52, 55
Nitrite 47
Niveau-Regler 75
Null-Leiter 9

Oberflächenwasser 59
organische Substanz 47

PE-Folie 40, 80, 82
PE-Rohre 30, 30*
PE-Steckverbindungen 30
Pflanzen-Kläranlage 48, 48*, 49, 51, 90, 91
Pflanzenfilter 48
Pflanzeninseln 43
Pflanzenklärbeet 71
Pflegeaufwand 21
Phosphatbinder 50, 51
Phosphate 50, 51
Phosphor 50
Phragmites australis 49
Pilzkeime 56
Pistia stratiotes 49
Pluspol 7, 19
Polyethylen 54
Primärwicklung 8
PU-Montageschaum 42
Pumpe 15, 24*, 26*, 27*, 34*, 37, 43, 47, 48, 51, 53, 55, 56, 58, 62, 68, 73, 74, 75, 86, 87, 88, 90, 91
Pumpe, Frostgefährdung 27
Pumpe, nachgeschaltete 55, 56*, 58
Pumpe, vorgeschaltete 53
Pumpe, Überwinterung 27
Pumpenaufsatz 34
Pumpenkammer 56
Pumpenkennlinie 22, 22*
Pumpenkennzeichnung 21
Pumpenleistung 21*, 38, 43, 45
Pumpenmodul 54
PVC-Bahnen 81
PVC-Folie 40, 80, 82
PVC-Kleber 30
PVC-Rohre 29, 30

Querschnitt 43
Quetschdichtung 75, 82

RCD/FI-Schalter 8*, 9, 9*, 25
Reibung 21
Reibungsverluste 23, 31
Reinigung 27, 57
Reinigungsintervalle 52
Reinigungswirkung 49
Reparaturset 82
Repositionspflanzen 48
Rohrdurchführung 82
Rotor 19, 20, 20*, 21, 27
Rotorwelle 21
Rücknahmegarantie 80
Rückschlagventil 17, 71

Sandfilter 47
Sauerstoff 86
Sauerstoffaustausch 86
Sauerstoffbedarf 86
Sauerstoffversorgung 47, 72
Saughöhe 16
Saugleitung 25
Saugschläuche 30
Saugseite 84
Saugstutzen 25
Säurebatterien 78
Säurefüllung 78
Schaltbereich 75
Schalter 67
Schaltuhr 69*
Schaumsprudler 34, 34*, 35, 67, 74
Schaumsprudlerdüse 33
Scheinwerfer 62, 63, 63*
Schilf 49
Schilf-Kläranlage 49
Schilf-Klärbecken 49
Schlamm 84
Schlammpumpe 84
Schlammsauger 84, 84*, 90, 91
Schlauchanschluss 65
Schlauchdurchmesser 31
Schlauchschellen 31
Schmutzwasser 49
Schwämme 52, 55
Schwebealgen 47
Schwertlilie 48
Schwimm-Aggregat, solarbetriebenes 79*
Schwimmbereich 27
Schwimmerventil 68*, 72, 73
Schwimmleuchten 64, 64*, 65*
Schwimmpflanzen 49
Schwimmpumpe 26, 26*, 63
Schwimmschalter 73, 73*, 74
Seerosen 47, 51
Sekundärwicklung 8
Siebmatten 54
Silikon-Kitt 82
Siliziumkristalle 75f.
Skimmer 25, 27, 59, 59*, 88, 89, 90
Skimmer-Filter-Einheit 59
Solaranlage 76, 77*, 78, 78*
Solarbatterie 77, 78
Solarenergie 75
Solarladeregler 79
Solarmodul 76, 76*, 78, 79
Solarpumpe 77
Solarsets 64
Solarstrom 75
Solarsystem 75, 79
Solarzelle 75, 76, 77
Sondermüll 80
Sonneneinstrahlung 76
Spaltrohrmotor 21
Spaltrohrmotor, asynchroner 20
Spaltrohrmotorpumpe 20*
Spannung 23
Speicherzellen 78
Sperre 41
Sperrmauer 42
Spiralschläuche 30, 31*
Spotscheinwerfer 62
Springbrunnen 19, 56, 68, 69, 71, 77
Springbrunnenbeleuchtung 62
Springbrunnenpumpe 26, 62, 67, 68
Sprudelstein 32, 32*, 33, 33*, 34, 54, 56, 65
Sprudelstrahl 32*, 33
Sprudler 32, 64, 86
Standort 24
Stauhöhe 45
Staumauer 39, 42
Staustufe 38*, 39, 41, 41*, 42, 44*
Steckdose 10, 61, 70
Stecker 11
Steuerung 25, 67, 73
Stickstoff 50, 52
Strahler 63, 67
Strator 20, 20*, 21
Stromabnahme 79
Strombedarf 79
Stromleitungen 11
Stufe 40*, 49
Sumpf-Schwertlilie 44, 49
Sumpf-Simse 48
Sumpfdotterblume 44
Synchronpumpen 19, 19*

T-Stück 33, 33*
Talseite 39
Tauchpumpe 17, 18, 18*, 19
Tauchtiefe 23
Teich 59, 70, 82
Teichboden 27, 32, 53, 56, 87
Teichfilter 23
Teichfolie 72, 80, 86
Teichscheren 85
Teichüberlauf 55
Teichwasser 47, 48
Teichzange 85
Teleskopverlängerung 35
Temperatur 27
Temperaturregelung 87
Test 51
Tiefentladung 78, 79
Torffilter 47
Trafo 62, 69

Transformator 7, 8, 61, 75
Trichter 34*
Trockenaufstellung 24, 25*, 62
Trockenlaufsicherung 72
Trockenmauer 41
Trollblumen 44
Trübung 47
Typenschild 23, 23*

Überladen 78
Überlauf 37, 39, 41, 45, 72, 72*
Überlaufregelung 72
Überlaufstein 41
Überspannung 78
Überwinterung 26, 27, 53, 56, 59
Uferbereich 72
Ufergestaltung 43
Uferstauden 51
Uferverlauf 44
Uferzone 39, 44, 48, 59, 71
Umweltschutz 75
Universal-Wanddurchführung 12*
Unterwasser-Klemmdose 12*
Unterwasser-Verteilerdose 13
Unterwasserbeleuchtung 10
Unterwasserleuchten 12, 63
Unterwasserpflanzen 47
Unterwasserstrahler 77
Unterwassertrafo 62*
UV-Lampe 56, 57
UV-Strahlung 30
UVC-Vorklärgeräte 56, 57, 57*, 58, 58*, 89, 90

Verarbeitung 30
Verbindungen 29, 30, 40
Verlängerungen 35
Verlängerungskabel 61
Verschleiß 19
Verschmutzung 52
Verschweißen 40
Verteiler 67, 70
Verteileranlagen 70
Verteilerdose 68
Verteilerkasten 69*
Vorschaltgeräte 69

Wartung 26
Wasserbedarf 45
Wasserbewegung 29, 35, 37
Wasserdruck 33, 73
Wasserfall 38, 43, 45, 45*
Wasserfilterung 15
Wasserglocke 29*, 34*, 35
Wasserhyazinthe 49
Wasserklärung 23, 47, 49, 50, 51
Wasserklärung, mechanisch-biologische 47
Wasserkreislauf 71
Wasserkühlung 63
Wasserleitungen 29, 30
Wassermenge 33, 45
Wasseroberfläche 32
Wassersalat 49
Wasserspeicher 71
Wasserspiegel 24, 25, 33, 36, 39, 41, 45, 56, 58, 59, 71ff.
Wasserspiel 32
Wasserstand 32, 59, 73, 75
Wasserstand, überlaufgesteuerter 71
Wasserstandsregelung 71, 71*, 73
Wasserstandshöhe 74
Wasserstrahlpumpe 32
Wassertemperatur 55
Wassertiefe 23
Wasserverbesserung 50
Wasserverlust 36, 42, 71
Wasserversorgung 15, 37, 71
Wasserzulauf 75
Wechselstrom 7*, 8, 23
Wirkungsgrad 76
Wurzelklärung 49

Y-Verteiler 33*, 34

Zeitschaltuhr 68, 69, 73*
Zeitschaltuhr, elektronische 68
Zeitsteuerungen 68
Zementmörtel 42
Zeolith 50, 50*, 55
Zierbrunnen 67*
Zisterne 55, 71
Zugentlastung 82
Zwischenstecker 70

Bildnachweis:

Borstell: 2/3, 5, 10, 35, 41, 64, 74, 89
Gardena: 40, 4u, 17, 18, 23u, 34ol, 34or, 34ur, 42, 55, 57, 58, 63o, 70, 84, 85u, 86, 87o
Heissner: 65r, 79
Oase: 19, 20o, 25l, 25r, 26o, 26ul, 31, 33o, 51, 52o, 59, 62o, 62u, 65l, 69o, 85o, 85m
Redeleit: 13, 15, 49, 52u, 60, 66, 80, 83r, 87u, 88, 90
Reinhard: 24r, 47
Röding: 32, 45, 46, 77
Schimana: 8, 9, 11, 12, 20, 23o, 24l, 26ur, 27o, 29, 30, 33u, 37, 40, 50, 63u, 67, 68, 69u, 72, 73l, 73r, 81, 82l, 82r, 83l
Stein: 1, 6, 14, 28, 34ul, 44, 91

Grafiken: Sylvia Bespaluk

Bibliographische Information Der Deutschen Bibliothek

Die Deutsche Bibliothek verzeichnet diese Publikation in der Deutschen Nationalbibliografie; detaillierte bibliografische Daten sind im Internet über http://dnb.ddb.de abrufbar.

BLV Buchverlag GmbH & Co. KG
80797 München

Umschlaggestaltung:
fuchs_design, Ottobrunn

Umschlagfotos:
Vorderseite: Oase GmbH, Hörtel
Rückseite: Borstell (links), Stein (rechts)

Layoutkonzept Innenteil:
Studio Schübel, München

Lektorat: Dr. Thomas Hagen, Dr. Eva Dempewolf
Herstellung: Hermann Maxant

Layout: Anton Walter, Gundelfingen
Satz: agentur walter, Gundelfingen

Gedruckt auf chlorfrei gebleichtem Papier

Printed in Germany

ISBN 10: 3-8354-0071-1
ISBN 13: 978-3-8354-0071-9

Eine kleine Auswahl aus unserem Programm

Wolfram Franke
Gartenteich-Träume
Faszination Wassergarten: Inspiration in opulenten Bildern; traumhafte Wassergarten-Beispiele bis hin zu Bachlauf und Schwimmteich; Praxis: Anlage, Pflanzenauswahl, Bepflanzung, Technik, Pflege.
ISBN 3-8354-0042-8

Dorothée Waechter
Mein Wellness-Garten
Der Garten als Refugium für die Seele: Sicht- und Sonnenschutz, Rückzugsräume im Grünen, Feng Shui, Sitz- und Liegeplätze, Licht-Ideen, Pflanzen zum Fühlen und Be-Greifen, Wellness für den Gaumen, Wohlfühlfaktor Wasser usw.
ISBN 3-8354-0029-0

Tobias Gold/Martina Bäumler
Lazy – So leicht kann Gärtnern sein
Genießen statt schwitzen – schöne Gärten mit wenig Aufwand: einfache Gestaltungsideen auch für Anfänger, pflegeleichte Pflanzen, die wichtigsten Gartenarbeiten Schritt für Schritt, Feste feiern im Garten.
ISBN 3-405-16098-7

Marie-Luise Kreuter
Der Biogarten
Das Original – jetzt als Neuausgabe: das unentbehrliche Standardwerk, verfasst von Deutschlands bekanntester Biogärtnerin; mit Beilage »Pflanzenschutz-Kompass« zum schnellen Bestimmen und Abwehren von Schädlingen und Krankheiten.
ISBN 3-405-16674-8

Ursel Borstell/Text: Silke Kluth
GartenBlicke
Vom Zauber schöner Gärten: der Geschenkband mit brillanten Fotos; Beete, Pflanzen, Gestaltungen, Blüten – gesehen aus ungewohnten Perspektiven; mit Hintergrundinfos zu den Motiven.
ISBN 3-405-16965-8

Robert Markley
Rosen für jeden
Kompakte Infos, beste Fotos – das optimale Einsteiger-Buch; alle Rosengruppen im Porträt von den Alten Rosen bis zu Edelrosen; Rosenpraxis: Standort, Auswahl, Pflanzung, Pflege, Schnitt; spezielle Expertentipps zu allen Rosengruppen.
ISBN 3-8354-0031-2

Die zuverlässigen Berater

BLV Bücher bieten mehr:

- mehr Wissen
- mehr Erfahrung
- mehr Innovation
- mehr Praxisnutzen
- mehr Qualität

Denn 60 Jahre Ratgeberkompetenz sind nicht zu schlagen!

Dass Sie sich gut beraten fühlen – das ist unser Ziel. Falls Sie Fragen und/oder Anregungen haben, schreiben Sie uns bitte:

BLV Buchverlag GmbH & Co. KG
Lektorat · Lothstraße 19
80797 München
Postfach 40 02 20
80702 München
Telefon 089/12705-0 · Fax -545
E-mail: blv.verlag@blv.de

Unser Buchprogramm umfasst rund 800 Titel zu den Themen **Garten · Natur · Heimtiere · Jagd · Angeln · Sport · Golf · Reiten · Alpinismus · Fitness · Gesundheit · Kochen.** Ausführliche Informationen erhalten Sie unter **www.blv.de**

blv

Mehr Erlesen!